教育部人文社会科学研究专项任务项目（高校辅导员研究）（20JDSZ3029）
江苏省教育科学"十四五"规划2021年度重点课题（X-b/2021/08）
江苏省教育科学"十三五"规划2020年度重点课题（X-a/2020/17）
教育部思想政治工作司第一批高校思想政治工作精品项目(教思政司函〔2019〕2号)
江苏省教育科学"十三五"规划2018年度重点课题（X-a/2018/12）

"三全育人"视域下的
新时代高校学生资助理论与实践

曹海燕　邹　琳　秦　霞　著

·南京·

图书在版编目(CIP)数据

"三全育人"视域下的新时代高校学生资助理论与实践 / 曹海燕,邹琳,秦霞著. —— 南京:东南大学出版社,2022.4
ISBN 978-7-5766-0073-5

Ⅰ.①三… Ⅱ.①曹… ②邹… ③秦… Ⅲ.①高等学校-助学金-学校管理-研究-中国 Ⅳ.①G649.2

中国版本图书馆 CIP 数据核字(2022)第 062509 号

责任编辑:贺玮玮　　责任校对:咸玉芳　　封面设计:王　玥　　责任印制:周荣虎

"三全育人"视域下的新时代高校学生资助理论与实践

著　　者	曹海燕　邹　琳　秦　霞
出版发行	东南大学出版社
社　　址	南京市四牌楼 2 号(邮编:210096)
经　　销	全国各地新华书店
印　　刷	南京玉河印刷厂
开　　本	700 mm×1000 mm　1/16
印　　张	13.5
字　　数	220 千字
版　　次	2022 年 4 月第 1 版
印　　次	2022 年 4 月第 1 次印刷
书　　号	ISBN 978-7-5766-0073-5
定　　价	59.00 元

本社图书若有印装质量问题,请直接与营销部联系,电话:025-83791830。

前言 Preface

高校学生资助工作是一项政治工程、惠民工程和民生工程,在消除贫困、改善民生、保障教育公平、阻断贫困代际传递、助力脱贫攻坚中都做出了突出贡献。随着我国脱贫攻坚取得全面胜利,在现行标准下的绝对贫困已经全部消除,相对贫困继而将成为贫困治理的主战场,我国也随之进入"后扶贫时代"。站在新的历史起点上,高校要如何立足新发展阶段着力构建学生资助的新格局以进一步提高学生资助工作质量,是值得深入思考的问题。

《高校思想政治工作质量提升工程实施纲要》构建"十大"育人体系,将资助育人纳入高校思政工作十大育人工作体系之中,充分体现了资助具有育人的功能和属性。学生资助工作是高校人才培养不可或缺的重要环节,关系到培养什么样的人、为谁培养人和如何培养人的核心问题,关系到党和国家的事业发展。不过资助只是手段和途径,根本目的和落脚点在于育人,通过资助育人促进学生实现全面发展。

2018年5月,教育部办公厅发布的《教育部办公厅关于开展"三全育人"综合改革试点工作的通知》要求,各地要分类开展"三全育人"综合改革试点工作,着力构建一体化育人体系,提升高校的育人水平,培养德智体美劳全面发展的学生,形成更高水平的人才培养体系。"三全育人"体现了高等教育立德树人的内在要求,顺应了人才培养的发展趋势,契合了高校思想政治工作的发展规律,是党和国家推进新时代高校思想政治工作的战略性方针。立德树人是高校的根本任务,更是资助育人的根本任务。因此,资助育人也应该贯彻"三全育人"的理念和方法。

因此,本书立足于资助理论研究、资助政策演进,以"三全育人"为推进资助育人工作的方法论,从"主体维度""时间维度""内容维度"构建"三视域-双螺旋"高校发展型资助育人体系,着力突破限制高校学生资助工作发展的瓶颈。在此基础上,又从机制优化和未来发展两方面,为新时代高校学生资助工作的创新实践发展提供可行性和科学性依据,为我国高校学生资助工作如何深化发展提供新思路、描绘新蓝图。

1. 理论与实践相结合

学生资助工作是一项多层次全方位的系统工程。在现实工作开展中,资助工作者往往只注重实践与经验,而不善于从实践中研究和凝练出理论成果,一定程度上限制了学生资助工作不断向前推进;而资助理论研究人员在理论研究过程中又很少真正深入资助实践,对资助工作中的新问题了解不足,发生理论与实践脱节的情况。因此,本书首先从理论维度出发,从"正当性"和"有益性"阐述学生资助工作的价值意蕴,侧重从人的和谐发展理论、增权理论、公平理论、成本分担理论分析其对资助工作的指导作用。面对新的时代特点和实践要求,本书以问题为导向,找到理论与实践的内在相关性,建立理论与实践的联动机制,同时让资助的实践经验投射到理论研究之中,以理论指导实践、促进实践,提出以"三全育人"为方法论构建的"三视域-双螺旋"高校发展型资助育人体系,为资助工作的深化发展提供了新的视角与方法,最后在理论与实践相结合的基础上探究如何创新发展。

2. 历史与现实相结合

学生资助是国家解决高校家庭经济困难学生就学问题、帮助家庭经济困难学生顺利完成学业的重要举措,其实质是国家保障家庭经济困难学生受教育权的社会政策。每一阶段的资助政策都是特定的社会历史背景及经济社会发展的产物。本书对新中国各个时期高校学生资助政策进行回溯和分析,介绍了新中国高校资助政策的历史沿革。我国从新中国成立初至今已经历四个阶段:"免学费加人民助学金"阶段、"人民助学金"与"人民奖学金"并存阶段、"奖学金"与"学生贷款"相结合阶段、"多元混合资助"阶段。本书总结了不同历史时期高校学生资助工作发展的历史经验。不同的时代有不同的境况,不同的时代有不同的责任和使命。新中国成立七十多年来,尤其是改革开放四十多年来,我国学生资助政策体系不断健全,资助力度不断加大,学生资助内涵不断丰富,保证"不让一个学生因家庭困难而失学"的目标已经实现。本书立足我国当前的时代背景和历史经验,站在新的历史起点上,提出高校学生资助也要迎接新的时代使命,全面提升学生资助工作的精准化、科学化水平,实现学生资助工作高质量发展。

3. 优化与发展相结合

多年来,在党和政府的重视和支持下,我国高校学生资助工作取得了显著成效,建立起国家资助、学校奖助、社会捐助、学生自助四位一体的发展型资助体系。但同时,快速发展过程中一些问题也随之凸显出来,例如部分院校资助精准性有待提高,资助针对性有待加强,资助成效反馈不明显,因此,资助育人工作机制还需进一步优化等。因此,本书针对精准资助和资助育人的工作重点内容,立足现实发展,聚焦实践应用,重点研究影响资助精准度和育人实效性的各要素及其相互关系,以及这些要素产生影响、发挥功能的作用过程及其运行方式等方面,探索高校资助工作的协同发展、智能演进、追踪反馈,从"一盘棋"协同育人机制、"一体化"智慧资助机制和"一张网"成长追踪机制三个角度提出了资助育人工作的优化建议,为当前持续推进学生资助工作发展提供切实方案和有效支持。同时,研究高校学生资助工作,也要把握新时代背景下面临的机遇和挑战。全面认识新时代对高校学生资助工作的现实影响,找准新的发展方向,进一步推动新时代高校学生资助的创新发展,是每一位高校学生资助工作者需要认真思考并积极应对的发展问题。因此,本书以理论为指导,以高校资助实践探索为论证,围绕思想政治教育、大数据技术、一站式社区、劳动教育、常态化疫情防控等重点内容,积极探索学生资助工作的未来发展,旨在为实现精准资助和资助育人工作目标提供发展思路。

目录 Contents

第一章　理论基础

- 02 / 第一节　资助工作的价值意蕴
- 23 / 第二节　资助工作的方法指导

第二章　高校学生资助工作的政策演进

- 34 / 第一节　新中国高校资助政策的历史沿革
- 58 / 第二节　现行高校学生资助政策概述及执行情况

第三章　高校学生资助工作的体系构建

- 82 / 第一节　"三全育人"视域下高校学生资助体系内容
- 90 / 第二节　高校学生资助工作的全员"主体维度"
- 99 / 第三节　高校学生资助工作的全过程"时间维度"
- 120 / 第四节　高校学生资助工作的全方位"内容维度"

第四章　高校学生资助工作的机制优化

- 138 / 第一节　"一盘棋"协同育人机制
- 145 / 第二节　"一体化"智慧资助机制
- 153 / 第三节　"一张网"成长追踪机制

Contents

第五章 高校学生资助工作的未来发展

- 162 / 第一节　高校学生资助与思政教育相结合
- 176 / 第二节　高校学生资助与大数据相结合
- 185 / 第三节　高校学生资助与一站式社区相结合
- 191 / 第四节　高校学生资助与劳动教育相结合
- 198 / 第五节　高校学生资助与常态化疫情防控相结合

理论基础

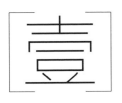

学生资助工作的理念深深植根于人类文明的精神成果中,而理论的不断发展也在对资助工作不断提出新的要求。这些理论在一定程度上构成了学生资助工作的方法论基础,为学生资助工作的开展提供了大量可供借鉴的资源,这些理论从根基上可以促进学生资助工作不断向高质量、高水平发展。首先,本章从"正当性"和"有益性"阐述学生资助工作的价值意蕴,论证学生资助工作符合我国总体的国家战略,具有重要的国家战略意义,同时学生资助工作符合人类自由、公平、人的全面发展等正当性价值的追求,是社会发展的必然要求。基于对学生资助工作的上述理解,本章侧重从人的和谐发展理论、增权理论、公平理论、成本分担理论分析其对资助工作的指导作用:学生资助工作在注重"给予"的同时,更要注重"培育",促进从"输血型"资助到"造血型"资助的不断发展,在保障学生享有权利的同时唤起学生的责任意识,强调对学生全方位的培养,以学生为本,真正让学生在资助活动中获得持久性的、内在性的力量,为受资助学生实现人生价值提供助力。

学生资助工作既要不断从历史中汲取养分,也要与时俱进,在与时代的交融中,在与学生的交互中,不断更新工作理念和工作方式,不负党和国家的托付,将资助工作融入中华民族伟大复兴的历史潮流中去。

第一节　资助工作的价值意蕴

在王建军的《普遍性与相互性——论康德的义务论与功利主义伦理学的分野》中，他指出，当我们想要论证某种行为在道德上是正当的时，有两种思路：义务论式的思路可以被概括为董仲舒的名言："正其义不谋其利，明其道不计其功。"功利主义则是将功利（而非道义）奉为道德终极标准的流派，是把增减总体的利益奉为道德终极标准的流派。功利主义认为，一种行为是道德上正当的，当且仅当这种行为能最大程度上维护最大多数人的最大利益。

借鉴这样的划分方式，当我们想要通过某种方式论证资助工作的正确性时，可以提出两种思路：

义务论式的论证思路是：资助工作维护了某些天然正当的价值（公平、正义等）并促进了人的完善发展，因而不论实际结果如何，资助工作都是正确的。

功利主义式的论证思路则是：资助工作可以推动社会总体的发展进步，为整个社会带来更大的利益，因而资助工作是正确的。

当然，这并不意味着这两个方面是相互独立、相互割裂的。毕竟，正当性的行动维护了某些社会价值，本身就会带来良好的社会后果，而有益性的行动推动的是社会总体性的发展，本身就可以被看作具备某种天然正当性，两者本就能互相推动对方的实现。而在实际论证的过程中，义务论式的"行动本身就是应当的"论证思路和功利主义式的"行动是有益的，因而是应当的"论证思路，往往都会在某一个理论中有着不同程度的展现。只是，本节介绍的各个理论对资助工作的总体论证思路依然有着不同的倾向性，因此将"资助工作的正当性"和"资助工作的有益性"区分开来，并不是对这些基础性理论的性质做了规定性的划分。

一、资助工作的"正当性"

(一) 保障社会教育公平

立足于批判资本主义生产关系的不公平现实,马克思当时与站在资产阶级立场的理论家进行了大量关于教育问题的论战,最终形成了自己的教育公平理论。这一理论的现实逻辑起点是资产阶级社会教育实际不公平的状况,正是在此基础上,教育在资本主义体系下被异化的状况得以被阐释。通过批判教育异化的本质,马克思揭示了教育公平这一问题具有社会历史性,并且指出教育公平终将从"量"的公平向"质"的公平转变。最后,马克思指出教育公平的关键取向在于以"人"为本,目标是实现人的自由全面发展。

马克思的教育公平理论最直接地为学生资助工作提供了理论保障。其既点明了资助工作的社会地位,又为资助工作的开展提出了更高的要求,即促进人的全面发展。

1. 教育异化:马克思教育公平理论的逻辑起点

随着近现代一系列资产阶级革命的爆发,资产阶级出台了一系列呼唤平等人权的法条法规,试图将平等作为自身的价值追求。马克思深刻地揭示了"法的平等"下掩盖的是"现实的不平等",指出了资本家通过无偿占有无产阶级的劳动致富这一实质。

揭示完社会现实的实际不平等,马克思批判了当时社会所宣称的受教育权平等的虚假性以及与当时生产关系匹配的异化教育。

首先,教育本质发生了异化。在当时的社会关系下,统治阶级基本上垄断了教育权力,这样的教育只是维持现状的工具,完全不允许全社会平等地接受自由全面的教育。马克思猛烈批判了社会教育的工具化,认为教育的本质只不过是统治阶级维护自身经济利益及统治权力的意识形态工具的一部分①。

---

① 杨乔乔.马克思教育公平理论在新中国的运用与发展[J].思想政治教育研究,2020,36(2):100.

其次，教育功能发生了异化。一方面，在当时的社会中，资本与劳动是分离的，为了能让资本与劳动结合完成生产，资产阶级不得不让工人阶级接受教育；但另一方面，工人通过教育真正掌握占据先进位置的知识文化又是资产阶级所不能接受的，由此导致了教育功能的异化。为了使工人阶级不能挑战资产阶级的地位，教育便被限制在某个尺度内，这一尺度就是工人阶级所受的教育只能维持自身的再生产。这种教育状况只能使工人变得越来越机械化，越来越成为一种"劳动工具"。正如马克思所批判的："资产者唯恐失去的那种教育，对绝大多数人来说是把人训练成机器。"①

揭示了资本主义社会的教育异化之后，马克思发起了对整个资产阶级社会的批判。以教育异化作为逻辑起点，马克思解释了教育公平的社会历史性以及教育公平真正的核心价值②。

马克思关于教育公平的逻辑起点的论述，指出了资助工作的重要性所在。一方面，资助工作正是要通过再次分配的方式，帮助打破社会阶层的固化，使得在社会中处于不利地位的学生能有尽量公平的机会获得更有助于人的培养的教育资源，打破社会既得利益集团对知识的垄断。另一方面，资助工作使得学生有更好的机会接受除了基本技能培训之外的更多方面的教育，这可以帮助教育的功能回归其原本该有的位置。

2. 教育公平的社会历史性与发展趋势

从唯物史观来看，教育公平的实现方式及实现程度都具有社会历史性。在人类社会发展过程中，不同的生产力水平和生产关系会催生出不同的关于教育的理念。资本主义生产关系之前的社会并不具备产生"平等受教育权"这一观念的条件。正是随着资本主义经济的发展以及资本主义经济关系的形成，人从传统的神权束缚及君权束缚中解放出来，接受平等的

---

① 中共中央马克思恩格斯列宁斯大林著作编译局.马克思恩格斯选集:第一卷[M].2版.北京:人民出版社,1995:289,278.

② 袁新涛.马克思主义教育公平思想在中国的实践与发展[J].教育学术月刊,2010(3):23.

教育似乎成为人与生俱来的权利[①]。然而，马克思却向我们揭示了，在资本主义这一社会历史形态下教育根本无公平性。不仅是马克思，资产阶级政治经济学家也洞悉到了当时的教育与分工情况，只会导致越来越严重的两极分化和教育不公："当年的儿童已经长大成人，他们既对我们称为道德的东西，也对学校教育、宗教和自然的家庭之爱毫无所知，但我们竟然又让这些儿童成了现在这一代孩子的父母。"[②]

马克思认识到，儿童的受教育权利是当时最急迫也是最重要的必须解决的问题。空想社会主义学者曾经发起过众多局部化的试验，然而，这种将不改变生产关系的个体化的实践作为支撑的试验都纷纷破产。这些试验从经验角度证明了没有体系化的改革，再加上生产力不足、教育资源的匮乏，教育的有效普及是难以保证的[③]。

秉持着唯物史观的分析方式，马克思指出了资本主义社会生产关系的制约，是资本主义社会无法真正实现教育公平的原因。当时社会的分工体系只能使得教育与人处在割裂之中，这种教育最终的目的并不是人，自然也就无所谓公平性。资产阶级政治经济学家所采取的局部改变的策略是无法真正实现教育公平的。马克思认为，不应当停留在以保证个体受教育机会公平这种"量"上的公平，而是要在新的社会关系下，"改变这种作用（社会对教育的作用）的性质，要使教育摆脱统治阶级的影响"[④]。只有在新的社会关系下，教育才可能关心自由人联合体中每一个公民的全面发展。

马克思主义教育公平理论为当下资助工作的历史特殊性质提供了说明，教育公平有其社会历史性，而当下的资助工作正是在特殊的社会历史条件下的尝试。马克思主义在揭示资本主义劳动异化的基础上进一步揭示

---

① 贾恒欣.马克思的教育公平思想及其现实启示[J].思想教育研究,2016(6):43.
② 马克思.资本论:第一卷[M].北京:人民出版社,2004:566.
③ 杨乔乔.马克思教育公平理论在新中国的运用与发展[J].思想政治教育研究,2020,36(2):103.
④ 中共中央马克思恩格斯列宁斯大林著作编译局.马克思恩格斯选集:第一卷[M].2版.北京:人民出版社,1995:289,49.

了资本主义条件下教育的异化，想要改变这一状况，根本方式在于改变社会生产关系。但我国现在仍处于社会主义初级阶段，在公有制为主体的前提下，资本要素依然在社会中扮演重要角色，贫富差距较明显，因资源分配的不合理而造成的教育异化依然在相当大范围内存在着。资助工作正是在此现实下推动教育公平的务实尝试，通过国家资源的倾斜，帮助在分工中处于不利地位而导致贫困家庭的学生获得更公平的受教育权利，这正是共产主义理想对我们提出的要求。

3. 马克思教育公平理论的核心价值：实现人的自由全面发展

在对资本主义的特殊社会历史条件下教育异化状况批判的基础上，马克思指出了教育本身该有的样子。教育的本质在于它是一种以人为根本、以人为核心的促进人全面发展的途径。教育就其本质来说，不应该异化为统治人的力量，而应该成为人塑造自身、发展自身的中介。马克思对教育的重要价值非常重视："未来教育对所有已满一定年龄的儿童来说，就是生产劳动同智育和体育的结合，它不仅是提高社会生产的一种方法，而且是造就全面发展的人的唯一方法。"①

马克思主义教育公平中实现人的自由全面发展的这一面向，对资助工作提出了更高的要求，人的发展不只有接受技能培训的一面，还有许许多多的关于道德、科学和艺术的方面。这要求资助工作者对学生有着更加深入的关心，帮助学生在学习能力、审美能力和道德判断力上获得全方位发展，从而让学生获得更加广阔的发展前景、更加有持续性的发展动力。只有如此，资助工作才能免于沦为资本主义生产方式下的异化教育形式，而成为新社会形式产生的助力。

（二）助力人类共同命运

面对世界形势的波澜壮阔，在继承马克思世界历史理论的基础上，习

---

① 中共中央马克思恩格斯列宁斯大林著作编译局.马克思恩格斯文集：第五卷[M].北京：人民出版社,2009:556-557.

近平总书记思考了人类从何处来、身处何地、往何处去等重大问题，创造性地提出了人类命运共同体观念。这一理论为学生资助工作提供了重要的理论指导。

1. 构建人类共同体的马克思世界历史理论渊源

首先，马克思世界历史理论为构建人类命运共同体提供了分析方法。马克思的世界历史理论基于的不是抽象的"世界精神"，而是在工业化、贸易全球化的历史背景下，充分认识到资本的逐利性、资产阶级的主导性，从而以人与人之间的经济纽带为分析基础，以资产阶级为主体基础。由此，马克思阐发了人类历史的根本所在。

马克思运用唯物主义的分析方法重新分析了世界的形势。世界市场和世界生产体系的形成打破了各国的孤立状态，各个国家的生产越来越依赖于整个世界的协助。新的物质交换方式造就的是"不同民族之间的分工消灭得越是彻底，历史也就越是成为世界历史"。

习近平总书记继承了这一分析方法，从而深刻把握住了世界历史发展的内在逻辑。借助生产力与生产关系、经济基础与上层建筑的分析模式，习近平总书记深刻把握了当前的历史脉搏和时代方向，由此指出："人类越来越成为你中有我、我中有你的命运共同体。"

其次，马克思世界历史理论为构建人类命运共同体提供了问题意识。关于人类从"自然"走向"自由人联合体"的塑造力量问题，马克思给出的答案是，在过去的社会中，生产力的发展进步只产生于小范围内，而工业革命之后造就的普遍物质交换将整个人类的生产与消费纳入世界历史轨道，对人的依赖性被打破，对物的依赖性得以建立，从而为人的自由而全面发展准备了条件。

人类命运共同体是在新的历史条件下对这一问题的探索。顺应着人与人交往不断扩大的历史潮流，人类命运共同体的提法拥有着深刻而自觉的问题意识。在对近代历史经验教训进行深入考察和总结的基础上，习近平总书记认识到当代人类的共同愿望就是和平与发展。不过，虽然和平与发展愈发成为时代主题,但对这一主题的挑战也层出不穷,金融危机阴云重重,世界经济新的动力受阻,贫富差距不断拉大,协商思维仍未取代零和博弈思维,冷战和霸权思维还没能完全过去。

构建一个怎样的世界? 如何构建? 这些是时代提出的问题。面对这些问题,习近平总书记站在人类历史发展进程的高度明确回答,中国的方案是构建人类命运共同体①。人类命运共同体体现的是和平与发展的时代主题,体现的是习近平总书记作为马克思主义继承者的决心,系统回答了人"从哪里来、身处哪里、走向哪里"的问题。

"多元论"和"发展论"的辩证统一体现了人类命运共同体对马克思理论的继承。"一花独放不是春,百花齐放春满园"是当前习近平总书记对世界文明互进共荣的精彩诠释②。一方面,以生产力作为标准,人类文明有一个从高到低的层次区分,这构成了文明的"发展论";另一方面,不同的国家和地区有着不同的条件,各个民族据此制定的具体发展道路必然是不同的,道路之间必然存在的差异性应当得到尊重,这体现的是文明的"多元论"。

在继承这一理念的基础上,习近平总书记指出,"发展是解决一切问题的总钥匙"。但除了生产力的进步,环境友好和清洁美丽的可持续发展也不能被遗忘,只有这样人类才能保存赖以生存的唯一家园。此外,文明多样性正是人类社会的基本特征之一,而自主选择发展道路是各国各民族天然的权利所在——国际社会民主化的题中之意也在于此。坚持用和平对话方式消弭分歧,避免分歧走向冲突,让互通取代隔阂、让文明共存取代文明优越,这是人类命运共同体对我们提出的要求。

人类命运共同体的历史渊源,为资助工作的开展提供了深厚的历史土壤。首先,资助工作正是继承了马克思主义的分析方法,在对现有的生产关系和交往关系条件的认知下,做出了对于社会主义初级阶段依然存在的

---

① 徐艳玲,李聪."人类命运共同体"价值意蕴的三重维度[J].科学社会主义,2016(3):109.
② 李爱敏."人类命运共同体":理论本质、基本内涵与中国特色[J].中共福建省委党校学报,2016(2):100.

发展不平衡状况的改善努力。在社会主义初级阶段的特殊时期，完全消灭不平衡发展的条件尚未具备，这就需要学生资助工作作为对现有的不够平衡的生产关系的补充形式，尽可能维护社会公平。其次，资助工作继承了"发展论"和"多元论"的人类命运共同体发展主旨。资助工作为本来缺少发展机会的家庭经济困难学生提供了更好的发展机会，而只有在教育公平的基础上，真正的平等的"多元发展"才成为可能。资助工作的全方位培养采用"扶贫"与"扶志""扶智"结合的工作方式，使得学生层面的"多元发展"有了更加明朗的前景。

2. 构建人类命运共同体的世界历史实践意义

一方面，这将有助于合理世界秩序的形成。世界历史的发展向我们表明，对于形成合理的世界秩序来说，人类命运共同体至关重要。"人类命运共同体"思想是中国国际秩序观的创新与发展，它积极建构了全球化时代人类交往的新范式①。

从近代以来的世界秩序历史经验来看，现存的世界秩序很大程度上并非协商的结果，而是在资本扩张推动下，借助武力和强制所构建的体系。资本的世界性输出使得亚非拉国家沦为先发国家的商品销售市场和原料产地。老牌资本强国利用军事优势直接占领落后国家的领土，迫使他们割地赔款。不仅如此，借助"西方中心论"的宣扬，资本主义国家还试图从文化上牢牢占据高地。直到第二次世界大战后，各国人民自主意识增强，纷纷追求民族独立，旧殖民秩序才得以瓦解。

虽然旧的明显的殖民秩序瓦解，新的隐蔽性强的霸权秩序却还在延续。发达国家通过产业结构性升级，在新技术产业中占据绝对优势地位，牢牢占据了国际产业链上游，通过资本流动性获益收割大量财富，并转移高污染产业，减少本国污染。新型的经济联盟最终形成的是以发达国家为中心、以新兴工业化国家为外围、以发展中国家为边缘的所谓"中心—外围—边缘"世界经济秩序。军事上，发达国家利用技术优势对全世界形成

---

① 邵发军.习近平"人类命运共同体"思想及其当代价值研究[J].社会主义研究,2017(4):7.

武力威慑。文化上，先发国家打着"自由""民主"旗号，构建意识形态陷阱，继续控制后发国家的文化。

显性的强取和隐形的强夺，都无法满足正义秩序的要求。只有构建新型的人类命运共同体关系，才能建立起符合全人类利益的崭新秩序。"国不以利为利，以义为利也"，是中国新型义利观的核心要义①。

人类命运共同体将不断推动国际关系的民主化。人类命运共同体反对霸权、强调协商共治，反对对抗、强调对话、提倡结伴而非结盟，为国际交往提供了崭新的道路构想。习近平总书记指出："不管国际格局如何变化，我们都要始终坚持平等、民主、兼容并蓄，尊重各国自主选择社会制度和发展道路的权利。"国际社会中所有国家都是平等的成员，没有国家拥有特权，而平等的身份带来的是各国人民对于本国事务拥有绝对主权。习近平总书记强调："世界各国都要遵循平等互信、包容互鉴、合作共赢的原则，一起来维护和弘扬国际公平正义，推动建设持久和平。"

另一方面，人类命运共同体在全球治理方面将发挥巨大积极价值。布鲁金斯学会学者杰弗里·贝德指出："与二十年前相比，当今中国对国际体系需求大为不同，中国在几十年间已经脱胎换骨，如果不重新考虑自己在国际体系中的位置，是令人惊讶的。"这一判断的合理之处在于看到中国确实在为全球治理体系改革出力。但必须看到，中国的外交根本原则从未改变，中国始终强调的不是零和博弈而是合作共赢，这样的原则并不因国力提升而改变。此外，人类命运共同体并不是基于中国单边的利益，而是兼容了世界与中国的双边利益，要想谋求发展，中国和世界彼此都是离不开的。"我们应该把本国利益同各国共同利益结合起来，努力扩大各方共同利益的汇合点。"

想要推动人类命运共同体的构建，中国的"内功"建设必不可少，而这正对学生资助工作提出了要求。要构建人类命运共同体，第一步的要求

---

① 李爱敏."人类命运共同体"：理论本质、基本内涵与中国特色[J].中共福建省委党校学报，2016(2)：102.

便是在我国国内先构建起公平公正的社会治理结构。学生资助工作作为国家扶贫工作的重要组成部分，正是推动社会公平的重要步骤。在推动国内公平建设的基础上，才能更好地证明我国推动世界秩序公平化的决心和信心。

同时，资助工作的进行和人类命运共同体的构建也是内在契合的。首先，帮助贫困学生的世界政治隐喻，正是世界各国作为共同体，要积极帮助不合理秩序下的机会不公而导致落后的相对贫困国家。其次，资助工作中要注重"发展学生"而不只是"给予"的理念也体现在人类命运共同体的构建中，在帮助落后国家的过程中，要注重对落后国家潜力的发展，而不能只进行"输血式"救援。学生资助工作在内在精神价值和实践方式上都和人类命运共同体的构建是一致的。

（三）维护人民社会权利

社会权利思想是在丰厚的思想历史背景下，人权思想的发展成果。20世纪晚期，在回应福利国家面临的危机和对人类社会福祉的反思过程中，"新社会权利"思想得以产生，并迅速传播至各个国家。这种社会权利理论的构建，为学生资助工作的正当性提供了丰富的理论资源。

1. 社会权利思想的形成

20世纪30年代以后，大规模经济危机对世界各国产生了很大冲击，社会面临挑战，在此背景下，一批学者构建起了初步系统的社会权利理论。

马歇尔在1949年出版的《公民权与社会阶级》一书中指出，公民权是公民在所属共同体中享有的成员地位，所有拥有这种地位的人，在这一地位所赋予的权利和义务上都是平等的①。马歇尔以英国为例说明了公平权利的发展有其历史阶段性，在英国，18世纪是公民民事权确立的时期，19世纪是公民政治权确立的时期，20世纪出现的是公民社会权的发展。通

---

① 庞文,王小亮.社会权利理论的发展脉络及研究展望[J].武汉科技大学学报(社会科学版),2016,18(4):383.

过分析这三要素演进与阶级形成和阶级冲突的关系，马歇尔指出公民权是一种缓和、减少阶级冲突和阶级不平等的平等制度。

顺应着马歇尔的研究，一些学者对这一理论进行了新的阐述。美国学者雅诺斯基将公民权扩展为四项，在三项传统权利后加入了参与权，并且他还以与经济领域的关联度为标准，将前两者划为与经济关联不大的一类，后两者划为与经济关联较大的一类。此外，雅诺斯基给予了社会权极大的重要性。他提出，公民的自由权、政治权等无法在社会权利缺失的情况下得到真正落实。在权利属性上，马歇尔指出，社会权利是一种要求获得实际收入的普遍权利，但收入并不按人们的市场价值来衡量[①]。这就要求在权利落实的时候，除了基本的收入审查外，不应该有任何民族、性别等方面的歧视。

社会权利思想产生于二战后的特殊背景，随着时代变化，这一理论内部对自身进行了反思。首先，传统福利国家难以适应新的知识经济形态，迫切需要改革。其次，在全球化浪潮下，以往处于国家内部的权利问题越来越具有国际政治意义。最后，过去的权利理论过分强调权利，忽视公民义务。这些问题都使得社会权利理论受到越来越多的批判。

面对以上挑战，许多思想家都提出了新的理论，比如吉登斯的"第三条道路"等。这些思想表述上虽有差距，但核心就是在强调权利的同时，强调公民义务和权利的统一。"第三条道路"的鲜明特征就是"无责任即无权利"，国家有保障公民生存和发展的责任[②]，但个体在享有这些权利的同时也应担负起自身的社会义务。在发放社会福利时建立审查制度，对于反对或者损害利益的行为，要适当减少其福利发放，对于情节严重者，要停止其福利发放。

在关于公民社会权利的理论形成过程中，学生资助工作的地位得以展现。学生资助工作正是通过务实地保障公民社会权利，最终保护了公民真

---

① 李姿姿.国家与社会互动理论研究述评[J].学术界，2008(1)：272.
② 庞文，王小亮.社会权利理论的发展脉络及研究展望[J].武汉科技大学学报(社会科学版)，2016，18(4)：385.

正政治权利的实行，而不是空洞抽象地允诺给公民政治权利。在探讨公民权利初期，根据雅诺斯基的说法，国家应该承担起保证个人有充分的自由来进行他作为一个"私人"和"公民"（社会成员）所需要进行的正常活动的责任，当然，雅诺斯基给出的方式是较为抽象的"国家赋予个人正当的理由"。而雷蒙德·普拉特对雅诺斯基的驳斥，则更明确地从公民权利理论与实践要一致的层面提示了实际活动的重要性，即我们不能只在口头上承诺公民以权利，而要采取"政治上可行的措施"保障这种权利。而在马歇尔之后，这种观点随着"社会权利"和"政治权利"说法的区分，在权利发展的过程中更为明显，雷蒙德·普拉特的驳斥方式其实在某种程度上正契合于毛泽东驳斥资产阶级自由民主的方式，"实际上，世界上只有具体的自由，具体的民主，没有抽象的自由，抽象的民主。在阶级斗争的社会里，有了剥削阶级剥削劳动人民的自由，就没有劳动人民不受剥削的自由。有了资产阶级的民主，就没有无产阶级和劳动人民的民主"。普拉特强调的也正是具体的可实践的权利而不是满足于口头上给予人们"拥有正当理由的权利"，这种实践的其中一面便是资助工作。在随后的概念发展过程中，马歇尔更加明确地提出了"社会权利"以区分"政治权利"，逐渐强调社会权利，强调需要通过一系列对公民民事福利上的支持来保障公民的政治权。学生资助工作，恰恰是这种"民事福利上的支持"在教育这一基础层面上的极佳体现。新一代的学生代表着未来的发展方向，对经济困难学生的帮助，可以在更具有前瞻性的角度上落实对公民社会权利的保障。

此外，新社会权利理论的最新发展则为资助工作的开展方式提供了很好的借鉴。吉登斯提出的"新社会权利"理论给出了这样的提示：权利和义务是不应该分割开来的，没有责任的社会权利会导致懒惰，最终降低社会的经济活力。吉登斯同样强调，只有社会经济活力提升，财政储备丰富，社会权利保障才是可持续的。在这一观点的基础上，他提出比起直接给予，应该更加重视教育方面的投资，通过教育资源的再分配推动机会平等。这种理念提醒资助工作者应该转变资助工作的理念，除了权利，也强调责任,比起"给予",更注重"培养"。一些基金会在给予学生资助的同时还会对学生的志愿服务时长等提出要求,并要求受助学生组成互帮互助的社团,提升学生沟通能力。东南大学的金牌资助项目——致力于全面提升学生素质的"金钥匙"课程也正是基于此理念而开展的发展型资助项目。这种资助理念的转变也正契合于扶贫攻坚新阶段下,我国强调从"公益扶贫"转向"产业扶贫"的情况,强调发展眼光,重视可持续发展的现状。

二、资助工作的"有益性"

(一)达到自我实现,推动祖国建设

需求层次理论的全称为马斯洛需要层次理论,是国外的心理学家亚伯拉罕·马斯洛在1943年提出的心理学理论。他提出了人的五种需要,即生理需要、安全需要、归属和爱的需要、尊重的需要和自我实现的需要。它们是最基本的、与生俱来的需求,构成不同的等级或水平,并成为激励和指引个体行为的力量。此外,马斯洛认为需要层次越低,力量越大,潜力越大。随着需要层次的上升,需要的力量相应减弱。高级需要出现之前,必须先满足低级需要。在从动物到人的进化中,高级需要出现得比较晚,婴儿有生理需要和安全需要,但自我实现需要在成人后出现;所有生物都需要食物和水分,但是只有人类才有自我实现的需要。马斯洛还做出了进一步的划分:低级需要直接关系个体的生存,也叫缺失需要,当这种需要得不到满足时直接危及生命;高级需要不是维持个体生存所绝对必需的,但是满足这种需要使人健康、长寿、精力旺盛,所以叫作生长需要。高级需要比低级需要复杂,满足高级需要必须具备良好的外部条件:社会条件、经济条件、政治条件等。但是,要满足高级需要必须先满足低级需要,并不是绝对的。在人的高级需要产生以后,低级需要只要部分满足就可以了。例如:为实现理想,人可以不惜牺牲生命,不考虑生理需要和安

全需要。最后，马斯洛指出，个体对需要的追求有所不同，有的对自尊的需要超过对归属和爱的需要。

学生资助工作正是在需求理论的引领下，分层次、有条理地开展的。事实上，资助工作的追求，正是在直接推动学生前四个需要满足的基础上，帮助学生实现作为人的最高需要——自我实现的需要。大学吸收的是来自全国各地经过高考选拔出的潜力出众的人才，如果难以激发这些人才对于更高层次自我实现的追求，则他们很容易沉溺于低层次的追求中，丧失为社会创造价值的动力，甚至利用自己的聪明才智，采取不法手段危害社会。反之，如果可以激发这些潜在人才对于自我的更高实现，即对创造社会价值的追求，则这股精神力量必将转化为强大的动力，激励他们投身于科技文化创新中，并最终转化为强大的物质力量，推动中华民族的伟大复兴。

具体说来，资助工作对前四层需要的满足体现在：

第一，生理需要，即食物、水分、空气、睡眠的需要等，它们在人的需要中最重要，最有力量。对于很多家庭经济困难学生来说，家庭提供的生活费是难以满足基本的饮食花费的，这损害了学生基本的对于食物的需要。由于这种缺乏，很多学生被迫在沉重学业下还是选择了外出兼职，这些兼职往往耗费大量时间，又缩短了学生的睡眠时间，损害了学生对于睡眠的基本需要。当食物和睡眠的需要都难以保证的时候，学生的其他发展便如空中楼阁一般，无从谈起了。而资助体系首先提供助学贷款，能为家庭留下提供更多生活费的空间，随后提供国家助学金，直接为学生生活费提供更多保障，在日常生活里，学校资助体系也经常会为学生提供各类补助等。学校资助体系对贫困学生生活费的保障减轻了他们外出兼职的压力，在帮助学生满足了基本的食物、睡眠需要之后，学生的进一步发展才有了基础。

第二，安全需要，即人们需要稳定、安全、受到保护、有秩序、能免除恐惧和焦虑等。在基本的生理需要被满足后，人们紧接着追求的便是安全需要。而对于经济困难生来讲，在以前，这种需要是非常难以被满足的。首先，如果家庭收入不稳定，学生每年的学费没有保障，摆在眼前的便是上学机会的不稳定性；同时，对于低收入家庭，任何的大额支出都可能一下子破坏家庭的勉强维系状况，学生很可能面临断绝生活费的风险。而资助政策的落实让家庭经济困难学生可以得到全面的物质保障，保证其不会因贫困而失学。同时，很多学校更是设立了完善的应急机制，保证困难学生在遇到紧急情况时，可以及时寻求学校帮助，避免因病辍学、因灾辍学。这些机制都大大加强了对学生安全需要的保障。在此基础上，学生才可能得以进行进一步发展。

第三，对于第三和第四个层次，即归属和爱、尊重的需要。资助工作为学生提供的物质帮助，可以直接为学生提供一种"力量感"，学生不需要整日担心自己的吃饭、教育等基础费用问题时，心中的"力量感"才能使学生真正建立起自足的自尊。同时，资助作为政府主导、学校实施的工作，可以大大帮助学生建立起对祖国、对学校的归属感，而资助工作者热情、有温度的资助，则能为学生提供一种"被爱"的感受，帮助学生满足爱的需要。

正如上文所言，在前四层基本需要被满足的情况下，学生的自我实现需要自然会被激发，这不仅会推动个人的发展，更会融汇为一股巨大的力量，推动整个国家的进步和民族的复兴。

（二）形成社会认同，助力民族复兴

群体行为是社会心理学的一个重要课题，而社会认同理论已成为这一领域最有影响力的理论之一。社会认同理论是塔菲尔等人在20世纪70年代提出的，并在群体行为的研究中不断发展起来。塔菲尔等人在最简群体范式研究的基础上，做了进一步的研究，提出了社会认同理论。该理论认为群体行为的基石是个体对群体的认同，通过社会分类，个体对自己的群体产生认同，并产生对自身群体的偏好和对其他群体的偏见。个体通过实现或维持积极的社会认同来提高自尊，积极的自尊来源于对自身所处群体与其他相关群体的有利比较。社会认同的形成将促使个体以更积极的自身提升来维护这种认同。这一理论认为，社会认同是由社会分类、社会比较和积极区分原则建立的。

首先，社会认同理论认为，不论是人际还是群际行为，都是由自我激励这一基本需要所激发的[①]。在这一理论视域下，自我尊重的形成与群体关系息息相关，个人在群体中经常通过突出自身特长而获得更高的自尊感。因此，在群体中个体自我激励的动机会使个体在群体比较的相关维度上表现得比其他成员更出色，这就是积极区分原则[②]。

资助工作正是弥合社会不平衡发展所造成的社会撕裂的重要步骤。经济困难的家庭，往往更容易与社会中其他经济困难或处于其他困难之中的家庭发生共情，建立情感上的群体纽带。而这些处于不利地位的家庭在很多时候已经受到了社会中不公正因素的影响，又因为现有的情况而更容易再次受到不公正因素的影响。这很容易引起经济困难家庭抱团抵触社会的情绪。而生长于这样家庭的学生，也容易受此影响，从而加大内心对社会的敌意因素。这种敌意因素，如果任其发展，就可能会呈现在学生行为中，从而加大社会的动荡因素。由于学生拥有着更加丰富的知识能力，如果这种知识能力转化为动荡因素，则可能对社会造成更大破坏。资助工作正是通过对学生的经济、心灵上的帮助，协助学生弥合可能出现的或者已经出现的对于社会其他群体的偏见，从而帮助学生更好地融入社会，更好地认识到中华民族的整体性，更好地投身于中国特色社会主义的伟大实践中。

积极的社会认同来自积极区分，而积极自尊需要的满足则来自积极区分。这表明自尊的需要激发了个体的社会认同和群体行为，也就是说社会认同是满足了自尊的需要[③]。

资助工作正是通过物质和精神的双重手段，帮助学生走出正处于的低自尊状态，或帮助学生避免可能陷入的低自尊状态。在市场经济体制下，

---

① 张莹瑞,佐斌.社会认同理论及其发展[J].心理科学进展,2006(3):476.
② 周晓虹.认同理论:社会学与心理学的分析路径[J].社会科学,2008(4):48.
③ 张莹瑞,佐斌.社会认同理论及其发展[J].心理科学进展,2006(3):478.

经济困难的家庭往往被视作社会竞争的失败者,更容易遭受歧视,从而使得身处这样家庭的学生面临着陷入低自尊状态的较高风险。通过资助工作的努力,学生可以更好地形成作为一个平等公民归属于社会的社会认同感,更好地建立起自己作为一个平等个体的自我认同感,从而获得更高的自尊状态。

社会认同理论的第二个部分明确地对群体间地位关系进行了研究,特别是研究了群体中低地位群体成员的自我激励策略。在现实生活中,他们会通过群体关系来维持和提高社会认同。

资助工作以政府为主导,学校为辅助,可以提升学生对作为中国公民身份的认同感以及对中国社会的群体认同感,党在其中的领导也加强了学生对共产主义事业的认同。这些对群体的认同感的提高都会促使学生更加积极地维护自己的这种群体身份,寻求更高的社会认同,从而有助于学生达到一种"为中华之崛起而读书"的精神境界。除此之外,一种强有力的认同感十分有助于学生坚定对于社会主义的理想信念,抵御外来意识形态武器的侵蚀,抵制分裂势力分化我国的阴谋,坚持不懈为社会主义事业奋斗。

与社会认同理论紧密相关的是心理契约理论。"心理契约"的概念意指一种非书面、非正式的,但是在组织与员工之间存在的较稳定的契约关系,其界定了员工与组织之间的一些隐性的权利义务、付出回报关系。心理契约如果被违反,将会对组织与员工之间的默契产生削弱,将大大打击员工士气,降低员工的积极性与认同感,引发严重的负面效应①。

心理契约是员工与组织之间不断互动的动态过程。当员工觉得有关契约(诸如工作稳定性、升迁机会、伦理道德准则)遭到破坏时,他们会感到被欺骗,从而产生挫折感,进而降低对组织的忠诚度、信任度。从卢梭的观点来看,契约的破裂实质上是员工个人对组织的期待与现实相违背的

---

① 彭正龙,沈建华,朱晨海.心理契约:概念、理论模型以及最新发展研究[J].心理科学,2004(2):456.

产物[①]。卢梭认为,心理契约主要建立在员工对组织状态个人感知的基础之上,因此他所提出的理论模型将个体的体验作为主要出发点。相比之下,盖斯特则更重视组织与个人之间的互惠联系,强调一种多方面共同作用的相互影响力。

直接来说,心理契约理论是属于管理学、经济学门类的理论,但这种公司—员工的结构也与社会—学生的结构是内在契合的,这种心理契约关系其实也广泛地存在于公司之外的社会关系中。因而,心理契约理论也为学生资助工作提供了重要的可供借鉴的资源。一方面,学生资助工作以政府、学校为主体,通过一种社会再分配的方式为困难学生提供帮助,提高其对国家、社会的归属感,强化学生与国家之间的心理契约关系,从而激发学生对国家的责任感和主体意识,这都有助于学生以更高的热情回馈祖国。另一方面,资助工作的实际落实过程中坚持公平、公正、公开的原则,这也有助于加强学生对学校组织和国家的认同感,从而加固学生对组织的心理契约,进而激励学生为国家发展而奋斗,推动中华民族的伟大复兴。

(三) 投资人力资本,形成人才优势

进入20世纪以后,随着新的经济形势出现,古典经济学的解释越来越乏力,出现了许多"难解之谜"。针对这些问题,西方经济学家针对"劳动力"这一因素进行了深入的思考,形成了人力资本理论和社会投资理论。这两方面的理论都揭示了资助工作对于发挥我国人力资源、推动国家总体发展具有重要价值。

20世纪50年代,美国芝加哥大学和哥伦比亚大学的经济学家们从两个视角对教育与工资的差别、劳动力市场问题进行了研究,从而形成了现代意义上的人力资本理论。

20世纪五六十年代,西奥多·舒尔茨连续发表了系列重要文章,这些

[①] 魏峰,张文贤.国外心理契约理论研究的新进展[J].外国经济与管理,2004(2):12.

成为现代人力资本理论的奠基之作①。他非常强调教育投资对于经济增长的重要意义。之后,爱德华·丹尼森运用实证计量的方法证明了人力资本在经济增长中的作用。之前的经济分析方法在估算对国民经济增长起作用的因素时,会产生大量难以被现有理论解释的"异常值",而丹尼森用新的计算方法解释了这些异常值。借助新的理论构架,丹尼森得出结论:美国1929年至1957年期间的经济增长有23%归功于教育的发展,而这得益于人力资本投资的积累。丹尼森的计算结果为舒尔茨提供了至关重要的支持,并直接促成了从20世纪60年代开始长达10多年的全球各国教育经费的猛增。

之后,加里·贝克尔对理论进行了系统化表述。他系统地阐述了人力资本与人力资本投资的问题,对人力资本的性质、人力资本的投资行为提供了较为完整的理论解释。从总体上看,现代人力资本理论的产生及发展,使人在社会生产中的地位有所提高。人力资本理论重新证明了人,特别是通过教育获得较高的知识和技术水平的人,是推动经济增长和经济发展的真正动力。

学生资助工作对于整个社会发展的重要作用,在人力资本理论中展现得极为明显。现代人力资本理论从不同角度、不同方式进行了研究,其核心在于向我们不停展现了通过教育,各种生产知识、劳动与管理技能以及健康素质会转化为某种依附于劳动者的储备,而这种储备会在未来以更高的效率回馈给整个经济体系。这提醒我们:比起直接的物质上的给予和帮助,对于教育领域的资助,尤其是学生资助工作在现代有着更深远的意义。随着经济环境的发展,我国的发展态势已经在不断由资本驱动更多转向人力、科技创新驱动,而人才资源更是这种驱动力的重中之重,学生资助工作可以有效发掘潜在的家庭经济困难学生人才资源,为我国总体人力资本储蓄起到良好作用,而这种储蓄将会在未来的发展中不断回馈国家,形成巨大的人才规模效益,助力中华民族之伟大复兴。

---

① 王明杰,郑一山.西方人力资本理论研究综述[J].中国行政管理,2006(8):92.

与人力资本理论伴随的是"社会投资"理论。这一理论诞生于欧洲社会对于新时代的思考，随着福利国家问题的暴露，欧洲社会重新思考了一种能够在经济发展与社会平等之间取得平衡点的政策范式，这种政策范式就是社会投资。其更为强调通过积极性社会政策（如积极劳动力市场政策以及教育）让个人能够累积足够的人力资本从而重返劳动市场[1]。

著名学者艾斯平-安德森所主导的研究团队出版了一本书名为 *Why We Need a New Welfare State* 的著作，这一著作使得欧洲各国开始反思福利国家制度的问题，并思考是否要采取措施提高福利国家制度中的积极性层面。书中指出，在传统福利国家中赖以为基础的男性养家模式无法有效地回应社会风险结构的变化，而导致在生活各层面（如劳动力市场机会、收入、教育成就、世代公平）无法获得最佳生命机会。因此，此书认为传统福利国家体系应该进行结构性的改变，从传统消极的收入移转式社会保险体系转变成为积极性福利国家，必须特别着重于预防儿童贫穷以及促进女性就业的家庭政策、教育和积极劳动力市场政策，以提升女性就业、改善收入不平等、预防儿童贫穷和提高税收[2]。

整体而言，社会投资政策可以区分为三个互为补充的功能。第一，让劳动力在失业后转换工作更加顺畅，以及让劳动力从教育进入劳动力市场或进入婚育阶段的过程能够更加顺利，即所谓"流动"（flow）的功能。第二，"缓冲"（buffer）。此种功能主要通过社会保障体系以及最低收入限定等方式，让劳动力家庭能有更加稳定和安全的经济状况。第三，"存量"（stock）。这是指通过对劳动力的不断培训在同一劳动者身上积累能力和技能[3]。

---

[1] 赖德胜,田永坡.社会保障与人力资本投资[J].中国人口科学,2004(2):18.
[2] 张广利,张婷婷.从福利国家到社会投资国家:吉登斯关于福利体制的再造[J].改革与战略,2012,28(4):203.
[3] 王燊成,刘宝臣.构建更加积极的教育救助:社会投资理论的启示[J].社会保障研究,2019(1):47.

社会投资理论同样向我们展示了学生资助工作的重要作用。学生资助工作作为最低收入保障之外的保障经济困难家庭学生正常完成学业的手段，是整个社会保障中重要的一环。同时在社会主义发展的新阶段，社会投资是我国克服"中等收入国家陷阱"，进入更高发展阶段的重要方式。新的时代背景下，只是保障人的基本生存已经不再构成新社会体制所需求的人的保障的充分条件，保障经济困难家庭脱离贫困，防止儿童、青年贫困，才是保障整个社会发展动力，从而战胜相对贫困的主要途径。对经济困难学生进行资助，正是对人才资源进行投资的重要一步。在社会主义发展的初级阶段，我国仍然存在一定的相对贫困现象，为这些家庭的学生提供支持，尤其是教育方面的支持，能有效发掘这些潜在的人才资源，这些人才资源则会在未来为社会的发展提供比成本高得多的助益。

第二节　资助工作的方法指导

在人类的精神宝库中，许多熠熠生辉的思想都为学生资助工作的开展提供了极佳的参考。在这些理论的指导下，学生资助工作得以不断向着更好的方向发展，而在学生资助工作的实践中，这些理论也得以散发出新的、鲜活的生命力。在不断的良性互动中，理论的意义得到更新，学生资助工作的水平也得以稳步提高。

一、人的和谐发展理论

针对资本主义的异化现象，马克思提出了他一生所追求的未来社会的理想目标：异化的消除，无产阶级乃至整个人类的解放，每个人的全面而自由的发展[1]。这一目标被后来的马克思主义者继承，其中在著名教育家苏霍姆林斯基通过长期思考和实践形成的"和谐教育"理论中，马克思的这一思想得到了较为系统和具体的呈现和发展。"和谐"贯穿苏霍姆林斯基教育思想的始终，苏霍姆林斯基的这些构想，与人的全面发展理论遥相呼应，无疑也为资助工作向更好的方向、更高的层次发展，提供了重要指导。

（一）功利与人本两因素之间的和谐

对于"升学"和"就业"这两个一般的教育目标，苏霍姆林斯基并不否认，但他否定其片面化和过度功利化，因而他提出更高的教育理想和培养目标应当是：造就全面和谐发展的、勇于创造和精神充实的合格公民与

---

[1] 吴向东.论马克思人的全面发展理论[J].马克思主义研究,2005(1):30.

幸福个人①。苏霍姆林斯基体现了一名坚持以人为本的教育家的风采：在确立培养目标时，既要具有现实可行性，又要高于现实，让教育体现人文主义色彩，人本主义要统率功利主义，现实主义与理想主义、实用主义与浪漫主义要在新的教育中得到有机的结合。

苏霍姆林斯基提出的这种和谐关系为学生资助工作提出了更高要求。学生资助工作，除了要在专业知识、专业技能培养上为学生提供帮助，还要真正做到"以学生为本"，关心学生的发展。拒绝"完成任务式"的僵硬工作方式，要真正深入学生内心，真正关注学生的长远前景。通过开办兴趣培养班、兴趣学习小组，思想道德培育等方式，推动学生的全方位发展。

（二）"天赋开发"与"全面发展"之间的和谐

在整个教育发展历史中，经常出现以"全面发展"否定"天赋开发"的情况，如苏联时期的一些状况，或者是另一种极端情况，以"天赋开发"取代"全面发展"，这种情况又出现在苏联解体后的俄罗斯中。其实，"全面发展"是一个历史性、开放性、发展性的范畴，它本身就包含了"天赋开发"和"全面发展"，二者是一般与特殊、共性与个性的关系，是互动互促的关系。苏霍姆林斯基也正是这样理解二者的关系的②。不过，苏霍姆林斯基针对苏联的特殊状况，大胆地将"天赋开发"提到了相对更优先的位置。他认为每个人身上都具有某些好的素质，教师要善于挖掘这些素质③。因此要引导学生于其天赋所在的某一领域中去展现自己的潜能并获得成功，形成较高的自信、自尊和自豪感。在这些情感的推动下，实现其薄弱方面的发展，最终达到全面发展。

苏霍姆林斯基的这一重要发现，为资助工作推动学生的全面发展提供

---

① 王义高.和谐教育：苏霍姆林斯基的"和谐教育"核心思想解读[J].比较教育研究,2008(4)：43.
② 肖甦.苏霍姆林斯基教育思想是教育探索的永恒财富[J].比较教育研究,2010,32(3):8.
③ 顾明远.苏霍姆林斯基教育思想的现实意义[J].中国教育学刊,2006(1):72.

了切实可行的路径。在推动全面发展的过程中,并不是"大水漫灌"式的粗放模式,并不一定是真的要让学生"全都要学,样样不通",而是要回归孔子提出的"因材施教"的精神,鼓励学生寻找自身天赋。基于对学生天赋的认识,发掘其特长能力,扬长避短,帮助学生建立信心,从而通过暂时的片面化的培养为突破契机,真正鼓励学生实现自身的全面发展。而发现学生天赋所在,并不是一个单向的过程,它要求资助工作者在和学生不断的互动、沟通过程中,发掘、试错、改进、完善,只有以耐心的态度和细致的努力,才能实现"天赋开发"和"全面发展"之间的和谐。

(三)课堂学习与"精神生活"之间的和谐

这是苏霍姆林斯基提出的又一组重要关系。苏霍姆林斯基曾从多个角度来说明精神生活的含义:一是从"全面发展"的角度看,人的精神生活要让人在丰富的积极活动中得到德智体美劳多方面的进步和发展。二是从"天赋才能发展"的角度看,学校精神生活的题中之义应该是,创设充分的条件,以激发各个学生的天赋和特长。因而精神生活在学校这一场域应该展现在多方面,以便于每个学生都能在这一场所中展现和发展自己的潜力。三是从智育的角度看,学校的精神生活应该表现为各种智力兴趣的激发、发展和满足,表现为知识在实践中的积极运用,智力财富在集体中的交流①。基于这样的认识,苏霍姆林斯基断言,课内生活和课外生活是无法分出主次的:课堂学习、课外兴趣的发展以及集体中学生之间的相互交往关系,都是主要的。

课堂学习与精神生活的关系,为资助工作带来了非常有益的启示。学校的课程往往更偏重于课堂的理论学习。而资助工作,除了要帮助学生巩固课堂知识之外,还要学会另辟蹊径,补足学生的薄弱环节。家庭经济

---

① 王义高.和谐教育:苏霍姆林斯基的"和谐教育"核心思想解读[J].比较教育研究,2008(4):46.

困难的学生，因其家庭经济状况的限制，往往容易陷入缺少人际交往、缺少公共教育、缺少审美培养的困境中。针对这些困难，资助工作者应该有针对性地开展不同于课堂学习的"精神生活教育"，帮助学生处理好课堂专业学习和课余生活的关系，开展丰富多彩的审美教育、劳动教育、公共教育，丰富学生的精神生活，实现课堂学习与精神生活的和谐。

（四）"非情感因素"与"情感因素"之间的和谐

在苏霍姆林斯基的思想中，所谓"情感因素"，从心理学角度说，是指人的情绪、感受、意志，外加兴趣、爱好、需要等心理成分，它们有别于智力、认知、思维、记忆等"非情感因素"①。在人们普遍崇拜智力、认知的年代里，苏霍姆林斯基强调情感因素，显示了他作为教育家对于教育规律的坚持。苏霍姆林斯基强调，没有自信、自豪这些情感动力的支撑，则认知就难以成为源源不断的活水。

"非情感因素"和"情感因素"的和谐对资助工作提出的更高要求是：要注重对学生情感动力的发掘，不可采取"强硬灌输"的方式，只是逼着学生前进。资助工作者要"扶贫"的同时"扶志"，通过发掘兴趣、思想交流的方式，帮助学生从内部认识到努力发展的重要性，激发学生内在的学习动力，从而推动学生可持续性进步。这一要求，究其根本，还是要求资助工作者要改变外在于学生的管理形式，改变居高临下的姿态，而真正深入学生内心，真正站在学生角度思考问题，只有这样，才可能推动学生"非情感因素"和"情感因素"的和谐。

（五）多把"量尺"之间的和谐

与上面各点紧密相关的是如何看待分数和成绩的问题。苏霍姆林斯基批判当时学校制度安排使得人的表现只是片面的、畸形的和单方面的。在

---

① 高凤兰.苏霍姆林斯基的教育哲学观[J].外国问题研究,2010(1):25.

当时许多学校里,对一个人唯一的评价方式就是根据他所能得到的分数,苏霍姆林斯基对此控诉说:"片面追求分数是一种令人极端不安的病态心理。"这种病态心理还控制了教师,使得教师也用这种标准进一步催逼学生。面对这样的困境,苏霍姆林斯基呼吁各个学校行动起来,不要让课堂、分数这一把尺子掩盖了其他众多尺子,相反,要让学生认识到,他是被多把尺子衡量的。他指出:要使我们的每一个学生在某个活动领域中获得幸福和欢乐,这个活动领域的顶峰是道德的美和道德的完善[1]。通过多把量尺的和谐,要让学生从学习中汲取精神力量,获得尊严感和持续不断的发展动力。

多把量尺的和谐,对于资助工作的开展给出了重要提醒:家庭经济困难学生因其家庭背景赋予的压力,往往过度重视学习成绩这一把量尺,许多悲剧正是因为学生过度重视这一把量尺,没能看到世界存在的丰富的评价标准,从而因为成绩的一时下滑而陷入自卑或者采取极端行动。资助工作者要切实帮助学生认识到多把量尺的存在,身体力行地用多把量尺来衡量学生,帮助学生建立更加稳固的尊严心态,帮助学生"抬起头来走路"。

二、增权理论

社会工作中的增权取向实践始于 20 世纪 70 年代。所罗门在 1976 年出版了《黑人增权:受压迫社区中的社会工作》一书,标志着增权取向实践在社会工作专业中的诞生[2]。在此书中,所罗门使用"增权"这一概念表现出黑人作为美国社会中的少数民族因长期遭受同年龄群体、占据优势社会地位群体以及宏观环境的负面评价所感受到的深刻、全面的无权,进一步呼吁社会工作过程中要重视增强黑人群体的权利,以削弱和消灭社会中的"制度性种族主义"所造成的疏离感和压迫感,并增进帮助对象个人的自

---

[1] 黄云鹏.苏霍姆林斯基和谐教育思想及其启示[J].理论导刊,2006(10):105.
[2] 陈树强.增权:社会工作理论与实践的新视角[J].社会学研究,2003(5):72.

我权能与社会改革的力量①。此后，传统和创新的社会工作方式都很快地吸收和践行了"增权"这一工作方法，并将其作为社会工作实践中重要的参考，且延续至今。这一理论强调在黑人工作中，注重对黑人"权能"的调动，而不是单纯的救助，在长期的历史实践中，增权理论越来越丰富地展现出其现实的指导意义。

资助工作中"扶贫"和"扶志""扶智"结合的工作方式也可以通过增权理论提供论证。当困难学生展现出较低迷的状态时，并不意味着他们个人完全没有内在潜能来应对面前的状况，环境的排挤和压迫往往扮演着重要角色。这要求资助工作者在主动帮助学生的同时也要树立正确的助人观：我们并非自上而下地"给予"学生权利，而是挖掘和激发他们本就有的、被环境压力所掩盖的发展潜能。资助工作者不应当把学生当成资质孱弱因而需要"施舍"的对象，而是要认识到学生身上本就蕴含着的潜能，要发展这种潜能，使学生身上的"权能"建立起来，充分发挥学生的自主性，从而帮助其建立起属于自己的内在力量去面对生命的各种挑战。在这个意义上，增权理论和吉登斯的"新社会权利"理论都构成了各高校致力于发展学生各项素质的困难生素质培养活动的内在理论依据，例如东南大学的"金钥匙"课程等。

三、公平理论

组织行为学中对公平理论的探究始于亚当斯的公平理论，它是研究人的动机和知觉关系的一种激励理论②。这一类研究大致可分为三个阶段，三个阶段的重点分别为结果公平、程序公平和互动公平。学生资助工作实践中，对于这一理论中公平的三个面向都有所呈现，而这将有助于推动整个社会福利的提升。

亚当斯的研究指出，职工的工作积极性高低，不仅关联于所得劳动

---

① 唐咏.中国增权理论研究述评[J].社会科学家,2009(1):19.
② 孙伟,黄培伦.公平理论研究评述[J].科技管理研究,2004(4):102.

报酬的绝对值,还关联于所得劳动报酬的相对值。报酬相对值一方面是劳动者用自己的劳动报酬比例与其他人进行对比的结果,另一方面也是劳动者用现在的劳动报酬比例和过去的劳动报酬比例进行对比的结果。由于这种分配公平主要是指人们对分配结果的公平感受,所以亦被称为结果公平。

公平是激励的动力,人们会对劳动和报酬之间的比例进行考量。得失比例过高会使得人有不安全感,得失比例过低会使人情绪低落,只有得失比例适中,人才会比较平静且有动力。因此,分配合理性常是激发人在组织中工作动机的因素和动力。

学生资助工作的目标正是要积极推动结果公平。马克思早在《资本论》中指出,资本主义生产条件下,资本对于工人的剥削是无处不在的,依靠市场自发分配是绝无可能达到公平的。我国仍处于社会主义初级阶段,资本影响下的收入分配不公依然广泛存在,因而,以资助形式进行再分配是合理的,这也有助于使学生感到整个社会分配机制的结果公平,这种对于结果公平的感受将大大提升其对祖国和社会的认同感、归属感和荣誉感,将激励其积极投身于祖国建设中。

20世纪70年代开始,研究人员发现人们不只关心结果上的公平度,还关心得出特定结果的程序的公平程度。如果人们认为程序是不公平的,那将会对人们的行为产生诸多影响。由此,学术界开始重视对程序公正性的研究。

1975年,瑟保特和沃尔克参考了法学界对法律程序公平的关注,开始了对程序公平的研究。他们指出,只要人们认为自己控制了产生结果的过程,不管最终结果如何,人们的公平感都会得到显著增加[①]。这一提法引起了学者们进一步地对程序公平的研究,使组织公平理论研究进入了新的阶段。后来,莱文瑟尔等人把程序公平的观点应用到组织管理中,取得了良好的效果。程序公平认为,如果决策程序公平,那么员工会更积极地投入

---

① 王荻,陈巍.几种激励理论在薪酬管理中的应用[J].商业研究,2005(24):65.

工作中。

学生资助工作的流程要体现程序公平的原则，这将有助于提升学生对公平的感受，从而激发学生的奋斗动力。程序公平体现在资助名额的分配、各资助项目的选拔等事务中。各学校的资助名额分配都采取公平、公正的原则，专人考查学生家庭环境，横向比对选出更需要资助的学生，绝不因学生的所属区域、性别、年龄而差别对待，这正是程序公平的绝佳体现。资助工作中对程序公平的践行，一方面有助于培养学生的公平意识，从而让学生更好地融入新时代依法治国的潮流中；另一方面，程序公平也是除了结果公平之外，学生理解社会总体公平的重要途径，学生越是能更深地体会到社会的总体公平，则越有助于激励他们努力奋进，投身于新时代中华民族伟大复兴的征程中。

1986年，毕斯和牟格开始关注分配结果反馈执行时的人际互动方式对公平感的影响，将其称为"互动公平"[1]。他们指出，如果管理人员可以以平等、尊重的姿态与员工进行交流，则有助于提升员工的信任度，从而激励员工以更好的姿态投入工作。后来，格林伯格又划分了互动公平的两个面向：一种是"人际公平"，主要指在整个工作决策流程中，上级或者权威是否对下级展现出尊重和礼貌；另一种是"信息公平"，主要是指针对决策和工作流程，上级是否传达了足够的信息给当事人以便其达到对结果的理解，如，上级要告诉下级为什么要用特定的方式分配结果。

资助工作的工作方式要契合于互动公平的理论。资助工作者在对待家庭经济困难生的时候要有平等、尊重的工作态度，而这正是东南大学资助中心所提出的"有温度的资助"的题中之义。想要在帮助学生的同时，让学生感到不低人一等，感到被以平等的方式尊重，就需要资助工作者不断在和学生的互动中接受反馈，不断改进，不断学习，从而更好地在互动过程中使学生感到公平和被尊重。

---

[1] 孙伟,黄培伦.公平理论研究评述[J].科技管理研究,2004(4):103.

四、成本分担理论

教育经济学中的教育成本随着 20 世纪 60 年代初人力资本理论的形成而被提出。高等学校教育成本是每名学生在接受高等教育阶段所消耗的物化劳动和活劳动以及维持个人生活需要所消耗的价值总和[①]。1986 年美国经济学家约翰·斯通在《高等教育的成本分担：英国、联邦德国、法国、瑞典和美国的学生财政资助》一书中提出了著名的"高等教育成本分担理论"，指出高等教育成本无论在什么社会、体制和国家中，都必须由来自政府、家长、学生、纳税人和高等学院几方面的资源来分担。教育成本分担原则意谓高等教育经费由谁来支付及如何支付的问题，即高教成本如何在政府、社会、企业团体、个人、家庭等社会各方之间合理分担并最终实现的问题。教育成本的分担主要考虑利益获得和能力支付两个方面。根据利益获得原则，教育成本的分担应与受益相符，即谁受益谁承担，受益多的人分担较多的成本，受益少的人分担较少的成本。政府、企业与个人依据各自的受益情况来决定对教育成本的分担情况。根据能力支付原则，所有从教育中获得好处和利益的人，无论是直接的还是间接的都应该按其支付能力大小承担教育经费，能力大的多支付，能力小的少支付。

高等教育作为一种公共资源，应当是每一个人都能享受的，而且能够给人们带来一定的收益，所以本着投资受益的心理，人们对高等教育有着越来越强烈的需求。但是因为政府财力的限制，中国逐步开始在高等教育中实施成本分担政策和一系列协调措施。1985 年，中共中央颁布《中共中央关于教育体制改革的决定》，指出高等学校可以在国家计划外招收少数自费生，学生应缴纳一定数量的培养费，毕业后可以由学校推荐就业，也可以自谋职业。这份文件正式开启了中国高等教育的学费改革。1989 年国家教委等三部委联合发出《国家教委　国家物价局　财政部关于普通高等

---

① 洪柳.谈高等教育成本的分担与补偿理论[J].教书育人(高教论坛),2010(36):12.

学校收取学杂费和住宿费的规定》，从政策上肯定了高等教育应该实行成本分担制度。1994年国务院发布的《国务院关于〈中国教育改革和发展纲要〉的实施意见》提出高等学校"缴费标准由教育行政部门按生均培养成本的一定比例和社会及学生家长承受能力因地、因校（或专业）确定"。1996年原国家教委等颁发的《高等学校收费管理暂行办法》明确了高等教育属于非义务教育阶段，学校依据国家有关规定向学生收取学费。受高等教育成本分担理论的影响，中国高等教育开始实行收取学费制度。这一举措虽然有力缓解了国家的财政负担，却加剧了受教育者的经济压力，并间接引起教育不公等问题。

  为了保证教育的公平，必须要不断地完善高等教育成本分担机制，减轻个人的经济压力，激发高校的运作活力，让高等教育真正地走向大众化。随着社会竞争日益剧烈，高等教育数量和质量需求不断提升，高等教育财政性经费日益难以满足大学发展的需要，因此，政府有必要确定合理的教育成本分担比例，使财政投入的多少与学费收取的高低相挂钩。大学也需要提高自筹经费的能力，吸引企业、社会团体以及个人的资金捐赠，积极寻求社会的支持，来改变高校教育的低效率局面，让教育资源得到最大化利用。同时，高校应建立健全财务管理，使捐赠资金处于规范化、透明化状态，并积极接受捐赠者和社会大众的监督，以保证捐赠资金的高效、透明使用。

高校学生资助工作的政策演进

学生资助是国家解决高校家庭经济困难学生就学问题、帮助家庭经济困难学生顺利完成学业的重要举措,其实质是国家保障家庭经济困难学生受教育权的社会政策。每一阶段的资助政策都是特定的社会历史背景及经济社会发展的产物。本章介绍了新中国高校资助政策的历史沿革。新中国高校资助政策从新中国成立初至今已经历四个阶段:"免学费加人民助学金"阶段、"人民助学金"与"人民奖学金"并存阶段、"奖学金"与"学生贷款"相结合阶段、"多元混合资助"阶段。对新中国各个时期高校学生资助政策的回溯与分析,有利于进一步深化认识新中国高校学生资助工作的演进逻辑与内在规律。

2021年2月,习近平总书记在全国脱贫攻坚总结表彰大会上强调:脱贫摘帽不是终点,而是新生活、新奋斗的起点。解决发展不平衡不充分问题、缩小城乡区域发展差距、实现人的全面发展和全体人民共同富裕仍然任重道远。学生资助作为一项重要的保民生、暖民心工程,是事关脱贫攻坚、促进社会公平的重要内容和举措。新中国成立七十多年来,尤其是改革开放四十多年来,我国学生资助政策体系不断健全,资助力度不断加大,学生资助内涵不断丰富,保证"不让一个学生因家庭经济困难而失学"的目标已经实现。本章立足我国当前的时代背景,对现行高校学生资助政策进行概述和分析。站在新的历史起点上,学生资助工作要全面提升工作的精准化、科学化水平,切实发挥资助育人功效,实现学生资助工作高质量发展。

第一节　新中国高校资助政策的历史沿革

新中国成立以来，党和国家高度重视教育，坚持把教育摆在优先发展的战略地位。为人民办教育、为人民培养人才，依靠人民发展教育，是中国共产党办教育的根本立场。坚持以人民为中心发展教育，是中国共产党不忘初心、牢记使命的生动体现。那么，如何让家庭经济困难学子接受高等教育，使他们共同享有梦想成真、人生出彩的机会，自然成为"教育强国"需要关注的重要问题。而在"脱贫攻坚"的政策体系中，教育则是高质量脱贫的重要手段，是阻断贫困代际传递的治本之策[①]。

教育是最大的民生工程，是扶贫的重要手段。高校作为高水平人才的重要产出地，一头连着教育这个最长远的民生，一头连着就业这个最根本的民生，是脱贫致富的直通车，肩负着教育扶贫的光荣使命。高校学生资助政策是政府以"不让一个学生因家庭经济困难而失学"为前提，促进教育公平和社会公平的重要举措，包括助推家庭经济困难大学生健康成长成才的一系列政策。结合新中国成立以来高等教育在不同历史时期的时代背景、教育理念的实际，新中国高校学生资助总体上不断与时俱进，根据时代实际需求的不同，资助模式几经变革，呈现出从单一资助走向多元资助、从保障型走向发展型的总体特征。本节梳理了新中国成立初至2007年我国高校学生资助的历史变迁，概括了每一历史时期学生资助的现状。从历史角度把握高校学生资助整体，有利于进一步认识我国高校学生资助的内涵与本质。

---

① 中共中央党史和文献研究院.习近平扶贫论述摘编[M].北京:中央文献出版社,2018:68.

一、新中国成立初—1982 年——"免学费加人民助学金"阶段

1949 年 10 月 1 日，中华人民共和国宣告成立，标志着我国进入了社会主义革命和建设时期。新中国成立初期，源于历史的变迁过程和社会的政治经济条件，中国实行了向苏联"一边倒"的政策。苏联高等教育"免学费加助学金"模式自然也被新中国大学生资助政策效仿。

十月革命后的苏联是"人类历史上第一个在整个国家范围内向全体大学生普遍提供资助"的国家[①]。为了发展国民经济、巩固新生政权，苏维埃政府注重发展全体人民的教育事业，培养了大批工农出身、忠于社会主义事业的专家和干部，并注重从经济上保障无产者和广大劳动群众的受教育权利。1918 年列宁为人民委员会起草了《人民委员会关于俄罗斯联邦高等学校招生问题的决定草案》，决议宣布：人民委员会委托国民教育人民委员部立即拟订若干决定和步骤，以便在志愿上高等学校的人数超过往常的招生名额时，采取紧急措施，保证每个人都有升学的机会，绝不容许有产阶级享受任何法律上和事实上的特权。当然，首先必须招收无产阶级和贫苦农民出身的人，并普遍发给他们助学金。列宁还声明，"每个人，不论民族、性别，只要年满 16 岁，都能成为高等学校的学生，他们无须递交中学或其他学校毕业证书、资格证明……从今以后俄罗斯社会主义苏维埃联邦共和国废除一切高等学校的学费，已经收取的 1918—1919 学年学费将全部退回"。由此，苏维埃政府确定了"为全体大学生提供免费的高等教育，向全体大学生提供助学金"的资助政策。苏联大学生资助政策的实施"使当时苏联大学生的阶级成分发生了巨大变化，工人农民接受高等教育的理想在很大程度上变成了现实；它保证了苏联国家建设和卫国战争对干部和专业人才的需要；为苏联从欧洲最落后的国家一跃成为教育发达、经济发达、科技发达的世界强国作出了不可磨

---

① 张民选.理想与抉择：大学生资助政策的国际比较[M].北京：人民教育出版社，1998：35.

灭的贡献"。

新中国成立之初，国家大规模经济建设需要大量接受过高等教育的人才，而当时不仅是工农子弟，大部分学生都难以承担高等教育的费用。经济方面的贫困成为工农子弟及其子女接受高等教育的主要障碍。为了增加人民群众接受高等教育的机会，培养工农出身的新型知识分子，服务国家经济建设，中国政府制定了"高等学校为工农开门"的方针，高等教育除了免收学费，还为工农及其子女发放人民助学金，提供一定的经济资助。资助的对象不仅限于工农子弟，还扩大到了高等教育的整体。

（一）人民助学金的产生（1949—1952年）

1949年到1952年是我国高校助学金制度的产生阶段。中国大学生资助政策一方面受到老根据地和老解放区、新解放区和大城市以及一些私立大学制度的影响，一方面开始建立新的政策体系[①]。

1. 临时性的人民助学金制度（1949—1952年6月）

1949年5月，北平和平解放之初发布的《学生人民助学金暂行条例》第一次提出人民助学金的概念。随着人民经济状况的改善，学生生活的逐渐稳定，公费制和供给制已无法适应社会的发展。为减轻人民负担并促进公费发放的合理性与公平性，文化接管委员会于1949年5月将公费改称为"人民助学金"，并发布了《学生人民助学金暂行条例》，该条例成为我国第一项学生助学金基本条例，包含了基本思想、申请方法及选定助学对象的方法。随后，全国各地区开始实施助学金制度，但在不同地区、不同学校之间资助标准存在较大差异，并未在全国范围内形成共识。所以，在新中国成立后的三年内，我国各大高校均具备自身特色的学生资助规定或准则，尚未形成全国统一的人民助学金制度。

2. 人民助学金制度的出台（1952年7月）

1952年7月8日，政务院印发《关于调整全国高等学校及中等学校学

---

① 徐丽红.社会权利视域下的中国现行高校帮困资助政策研究[D].上海:华东师范大学,2014:37.

生人民助学金的通知》，主要内容有以下几条：一是自1952年9月起，全国高等学校、中等学校及工农初等学校学生的人民助学金一律依照新规定的标准（由中央人民政府另行通知）执行。个别地区（如老解放区和少数民族地区），得比照此项标准酌情提高。二是各级各类学校的人民助学金应以适当地解决学生的伙食和其他实际的物质困难为目的。除普通中学外，伙食费须同等地和普遍地发给每一个学生，生活津贴应按照需要者的各人具体经济情况，分为若干等级发给。高级中学和初级中学的人民助学金也应按照需要者的各人具体经济情况分为若干等级发给。其具体办法由中央人民政府教育部另行规定。三是各级各类学校人民助学金的等级的评定，应依据现所颁布的标准和具体情况，由全体学生自报公议，民主评定，最后由学校行政批准。在评定时，应尽量照顾革命烈属、革命军人、工农干部、产业工人、少数民族及归国华侨子女的实际困难。四是在同一地区内（以各大行政区或各省市为范围）同级同类学校同样学生的人民助学金的标准必须一致，生活待遇也应划一，不许有所特殊。各地教育行政机关或学校，非经上级批准，不得自行改变人民助学金的标准。五是各级各类学校人民助学金款项，应列入学校经常费内，定期统一编造预决算，实行专款专用，不得任意挪用。

1952年7月，教育部印发《关于调整全国各级各类学校教职工工资及学生人民助学金标准的通知》，对政务院的决定加以细化，统一规定了全国各级各类学校学生人民助学金的基本发放标准。具体内容如下：高等学校学生实行占总人数100%的每人每月12万元（相当于币制改革后的12元）的助学金标准；高等师范学校中，本科生实行占总人数100%的每人每月14万元（相当于币制改革后的14元）的助学金标准，专科学生实行占总人数100%的每人每月16万元（相当于币制改革后的16元）的助学金标准；升入高等学校的在职干部，实行占总人数100%的每人每月32万元（相当于币制改革后的32元）的助学金标准。

至此，1952年"免学费加人民助学金"的资助政策在全国范围内正式确立。高校学生不仅免交学费，而且享有人人有份的人民助学金。这一政策不仅增加了工农群众接受高等教育的机会，消除了经济障碍，培养了国家经济建设所需要的人才，而且通过"高等学校毕业生国家统一分配工作"的制度把培养的人才分配到了国家需要的岗位上。

3. 人民助学金制度的基本特征

人民助学金制度的特征集中体现为：在免学费的同时向学生发放无须偿还的补助金，且能够满足所有学生在校期间的生活费用。在当时计划经济体制的时代背景下，人民助学金制度对于发展高等教育、促进教育机会均等并实现教育民主化无疑具有存在的合理性。

4. 人民助学金制度产生的历史渊源

首先，人民助学金制度的产生是计划经济体制下的必然产物，充分体现着经济体制要求资源高度集中配置的特点。一方面，建立计划经济管理体制的直接后果是国家和政府包办高等教育，人民助学金制度应运而生；另一方面，建立与计划经济管理体制相配套的教育管理制度，既是巩固国家新政权的需要，同时也有助于提升社会发展水平。

其次，人民助学金制度的产生与我国当时的教育方针政策密切相关。1949年12月召开的第一次全国教育工作会议根据《中国人民政治协商会议共同纲领》提出，以老解放区新教育经验为基础，吸收旧教育的有用经验，借鉴苏联经验，使教育改变沿着社会主义方向前进。这一方针的目的是使教育发展向最为广泛的工农大众倾斜，对于高校学生资助制度的确立产生了直接影响。高等教育面向工农大众意味着将有大批工农群众及其子女进入高等学校，而经济贫困则是其接受高等教育的主要障碍之一。因此，国家要让工农群众主动接受高等教育，必须尽量解决其经济贫困的问题。可见，人民助学金制度的建立也是帮助工农大众及其子女接受高等教育的措施之一。

最后，人民助学金制度的产生与当时社会经济和人民生活水平较低有关。一方面，新中国成立初期，国家尚处于经济恢复时期，劳动者往往无力负担高等教育费用，只有在国家的帮助下才能接受高等教育；另一方面，国家要改善经济状况，唯有通过大量人力资源才能够推动社会生产力的发展，为社会主义建设储备人才，从这一角度来看，人民助学金制度的产生也是我国促进经济社会发展的需要。

（二）人民助学金制度的调整(1953—1965 年)

1952 年所确立的资助政策在实施中经过了三次调整。1955 年高等教育部调整了人民助学金制度的具体实施方法、资助标准和学生的资助范围。1960 年再次对资助标准的范围做出了统一规定。1964 年国家对资助政策进行了调整，提高了助学金标准，扩大了受助学生的比例。

1. 1955 年第一次调整

由于 1952 年颁发的两项通知并未对人民助学金制度实施的具体方法进行明确规定，1955 年 2 月《关于制发高等学校一般人民助学金分地区标准的通知》出台，对人民助学金制度的具体实施方法、资助标准和学生资助范围进行了统一明确的规定。同年 8 月，高等教育部发出《关于执行全国高等学校（不包括高等师范学校）一般学生人民助学金实施办法的指示》，将向全体学生发放的人民助学金改为根据学生家庭经济状况的不同而部分发放。这一调整与同期进行的全国性的地区工作标准规定基本一致。这一调整不仅是鉴于当时国民经济状况，更是出于对国家财政负担的考虑。

2. 1960 年第二次调整

随着教育事业权力的下放，许多地区根据实际情况自行制定了实施办法和开支标准，导致不同地区间资助标准差异较大。为改善标准不统一的问题，1960 年 1 月，《教育部关于工人、农民、干部学生人民助学金标准的暂行规定》对资助标准的范围做出规定，要求各地区在范围之内自主执行。本次调整体现出地方政府已拥有一定设置助学金名额和发放标准的权力。

3. 1964 年第三次调整

1964 年的人民助学金制度调整主要以提高助学金标准和扩大受助学生

比例为主要内容。1964年4月起,凡全部享受人民助学金的和半自费的高校学生伙食补助费每人每月增加3元;1964年5月起,助学金发放比例提升5%,包括师范生和民族院校学生在内,受助学生比例基本达到80%[①]。这是受当时国民经济状况好转的利好因素影响。

总之,人民助学金制度在经历上述三次调整之后,已基本形成较为完善、系统的整体框架,在资助比例、标准、对象和方法上均有较为明确的规定,从而为今后高校学生资助政策体系的构建提供了理论和实践上的借鉴与指导。

(三) 人民助学金制度的停滞(1966—1982年)

此时间段是我国人民助学金制度发展过程中的特殊时期,尽管受到"文革"影响而导致制度实施停滞,但随着高考的恢复,人民助学金制度重新实施。

1. 人民助学金的挫折(1966—1976年)

"文化大革命"的爆发导致我国高等教育事业的正常发展被一度中断。1966—1969年,高校停止招生并对原有在校生执行原定人民助学金制度;1970—1976年,部分高校从具有三年以上实践经验的工人、贫下中农、解放军和青年干部中选拔学生,除十年工龄以上的国家职工外,为学员发放伙食费和津贴费。这期间的人民助学金制度以另一种津贴或生活补贴的形式出现。

1970年,我国大学恢复招生,改变了以往通行的高考招生办法,直接从工农兵中挑选、推荐优秀对象面试入学。国家调整了工农兵学员的人民助学金办法,由"文革"前的按一定比例资助改为全面资助。

2. 人民助学金的恢复(1977—1982年)

随着高考制度的恢复,国家重新开始实施人民助学金制度,并做了一

---

① 《中国教育年鉴》编辑部.中国教育年鉴:1949—1981[M].北京:中国大百科全书出版社,1984:101.

定调整。1977年，高校开始恢复通过高考进行大学招生工作。教育部、财政部颁发《关于普通高等学校、中等专业学校和技工学校学生实行人民助学金制度的办法》，指导人民助学金的发放标准和使用。这个办法所规定的人民助学金制度是以学历层次、学科性质以及地区为依据的，形成了不同程度、不同比例的框架体系。例如：文件规定研究生、高等师范、体育（含体育专业）和民族学院的学生，以及中等专业学校中的师范、护士、助产、艺术、体育和采煤等专业学生一律享受人民助学金，享受比例按100%计算。其他高等院校、中等专业学校和技工学校的学生，其助学金的享受比例按75%计算。

1979年8月，教育部、财政部、国家劳动总局颁发实行职工助学金的规定，指出连续工龄满五年的国家职工考入高校后，将一律实行职工助学金制度，不再享受原工资和原单位其他待遇；一般学生实行人民助学金制度，除高等师范、体育、民族学院学生全部享受人民助学金外，其他学生的人民助学金享受比例按75%计算。

通过以学历层次、学科性质及地区为依据，不同程度、不同比例地实行人民助学金制度，基本形成了人民助学金框架体系。后来几年中，尽管在某些细节上有所调整，但这一体系整体延续实施至1982年[①]。

"免学费加人民助学金"资助政策的实行有三个基本条件：当时高中毕业生数量少，不能满足国家经济建设对人才的需求；学生毕业后服从国家分配；城镇职工工资低、农村农民收入低，城乡居民不具备支付高等教育费用的能力。有了以上三个条件，我国的大学生资助政策就被置于这样一个完整的逻辑之中：学生是国家的未来、国家的栋梁，学生在上大学期间，国家为学生提供资助，同时大学生就业服从国家统一分配，当时我国大学毕业生工作分配，都纳入国家的劳动计划中，人人都根据劳动计划被分配到固定的工作岗位上。我国"免学费加人民助学金"的资助政策实施

---

① 徐丽红.社会权利视域下的中国现行高校帮困资助政策研究[D].上海:华东师范大学,2014：40.

了近三十年,在这段历史中发挥了重要作用:在促进高等教育发展,尤其是提高工农子女及贫困家庭子女享受高等教育机会的比例方面做了重要贡献,保障了广大工农群众的受教育权,培养了国家经济建设所需要的工农出身的知识分子。

二、1983—1986 年——"人民助学金"与"人民奖学金"并存阶段

当"免学费加人民助学金"这一"慷慨的资助"①盛行之时,1968 年库姆斯就发出了"教育危机"的警告。他预言:"任何国家,如果不准备给整个社会和经济造成沉重的压力和麻烦,就不可能继续迅速增加教育经费在公共开支中的份额。"于是,20 世纪 70 年代以后"慷慨资助政策"逐渐丧失了"受认性"。

随着十一届三中全会的召开,我国步入改革开放的新时期,社会、经济、教育等各个领域开始发生翻天覆地的变化。高等教育随之取得新的突破,高校大学生数量增加,开始步入大众化阶段。政府财政已无力支持"免学费加人民助学金"的资助政策,此外,大学生学费依赖国家负担、工作依赖国家定向分配的思想也消磨了大学生学习的斗志,因此传统的学生资助模式不得不进行改革。改革主要从两个方面着手:一方面调整既有人民助学金政策,在降低人民助学金比例的同时增设人民奖学金;另一方面,高校开始招收"委培生"和"自费生"。具体表现在实现了"双轨制"的招生做法,委培生由委托单位向学校缴纳一定数量的培养费,自费生也应缴纳培养费。"委培生"和"自费生"的出现,标志着大学生上大学由完全免费到需缴费的重要转变。

1983 年教育部、财政部调整并细化了 1977 年以来形成的关于人民助学金的制度,印发了《普通高等学校本、专科学生人民助学金暂行办法》和《普通高等学校本、专科学生人民奖学金暂行办法》,在继续实行人民助

---

① "慷慨的资助"原本是美国学者约翰斯通对英国"免费加助学金"资助模式的评价。

学金制度的同时，增设人民奖学金。

《普通高等学校本、专科学生人民助学金暂行办法》规定，人民助学金分为职工学生人民助学金和一般学生人民助学金。连续工龄满五年以上的国家职工被录取为普通学校本、专科生后，全部享受职工学生人民助学金。连续工龄不满五年的国家职工、应届高中毕业生及其他社会青年被录取到高等学校后，生活困难而又符合条件的，也可以申请享受一般学生人民助学金。除高等师范、体育（含体育专业）、农林和民族学院的学生仍按100%享受人民助学金，煤炭、矿业、地质、石油院校学生按80%比例享受一般学生人民助学金。其他各类院校学生按60%比例享受一般学生人民助学金，对于高等学校中的体育、航海、舞蹈、戏曲、管乐专业，水产院校中的海洋捕捞、轮机业和刑警院校的学生，不论是否享受人民助学金，加发40%以内的专业伙食补助，由学校集中掌握并保证用于这些专业学生的伙食之中。

《普通高等学校本、专科学生人民奖学金暂行办法》规定，在普通高等学校连续学习时间满一年以上具备下列条件的在校本、专科学生，可以评发人民奖学金：要求热爱社会主义祖国，拥护中国共产党的领导，立志为社会主义事业服务，认真执行大学生守则；勤奋学习，刻苦钻研，学业成绩优秀；积极参加文体活动。评定人民奖学金，应按上述条件全面衡量，不可偏废。享受人民奖学金的学生人数近一两年暂按本专科学生总人数的10%~15%掌握，可分为几个等级，每个等级的金额应有高低之别，最高金额每年以不超过150元为宜。

1983年教育部、财政部的《普通高等学校本、专科学生人民助学金暂行办法》降低了人民助学金的发放比例，把人民助学金分为职工学生人民助学金和一般学生人民助学金，面向国家职工学生和普通高校学生。改革的主要变化体现在打破了国家"一刀切"的高校学生资助惯例，并缩小了其他院校发放人民助学金的比例范围，由原来的75%降为60%，根据学生的性质及所在院校的性质规定了学生所能享受人民助学金的比例，对特殊专业还规定了一定比例的专业伙食补助。人民奖学金办法则规定了在校本、专科生获得人民奖学金的条件、比例与额度[①]。1983年的调整打破了原先单一的人民助学金资助制度，确立了"人民助学金"与"人民奖学金"共存的资助政策，实现了从原来"大多数学生享有同样多的资助"到"不同学生可以享受不同资助"的转变。

受财政资金限制而进行的资助模式的改革，表面上是资助政策和资助制度的变革，但其间必然伴随着国家资助理念的发展和变化。如果说新中国成立初至20世纪80年代国家对大学生资助的理念考虑的是"公平"，保证广大工农群众的受教育权，增加高等教育机会，那么，随着经济社会的发展，国家在制定大学生资助政策时开始考虑"效益"。一定范围、一定比例人民助学金的发放保证了家庭经济困难学生的受教育权；人民奖学金的设立起到了对成绩优秀的学生的奖励效果。尽管人民奖学金获得人数较少，却改变了以往学生资助制度的单一化模式，代表着资助政策由扶贫的单一元素扩展为奖优与助困相结合，实现了从人人有份的"人民助学金"资助转变为"人民助学金"加以"奖优"为主的"人民奖学金"资助，体现了国家对大学生资助政策从单一的"公平、教育机会均等"理念向"公平与效率并存，效率为主"的理念转变。

三、1987—1992年——"奖学金"与"学生贷款"相结合阶段

党的十二届三中全会通过《中共中央关于经济体制改革的决定》，提出"有计划的商品经济"，标志着中国经济体制改革进入了新的阶段。为了适应经济发展的要求，1985年5月，中共中央颁布了《中共中央关于教育体制改革的决定》（以下简称《决定》）。在中央《决定》的指引下，从1985年到1991年，中国高等教育围绕高等教育办学体制，高等教育管理体制，高等教育投资体制，高等学校招生、收费和毕业生就业制度以及高等学校内

---

① 教育部,财政部.普通高等学校本、专科学生人民奖学金暂行办法[J].中华人民共和国国务院公报,1983(4):768.

部管理体制"五大体制"进行了改革。《决定》明确提出,"高等学校可以在计划外招收少量的自费生,学生缴纳一定数量的培养费"。1989年高校开始实行对所有学生收取学杂费制度,并正式建立"双轨制"系统。

(一)人民助学金制度的弊端

人民助学金制度作为计划经济体制下的产物与当时实行的市场经济体制并不相符。1986年7月,国家公布《关于改革现行普通高等学校人民助学金制度的报告》,明确指出现行的人民助学金制度已经无法适应我国教育事业的发展变化,认为其弊端主要表现为四点[①]:第一,由于需要承担大部分学生的学习费用,同时还需支付学校建设等相关费用,国家的财政负担越来越重。同时,高等教育大众化阶段的到来促使高校办学成本逐渐提高,政策财政拨款已满足不了高等教育发展的需要。第二,国家负责大部分学生生活费用的资助模式不利于调动学生学习的积极性。许多学生将国家资助视为理所应当,甚至逐渐出现学习态度不端、自甘堕落的现象。第三,不利于培养学生的思想品德。人民助学金的发放以家庭经济困难状况为主,对于学生思想品德情况却不加考虑,从而导致一部分不求上进的学生得以享受人民助学金,因而在一定程度上存在着资助不公的现象。第四,人民助学金评定管理办法缺乏统一性和合理性。因而,对人民助学金制度进行改革具有历史必然性。

(二)试点奖学金制度和贷款制度

1986年国家教育委员会、财政部提出了人民助学金制度存在的种种弊端,并提出了改革的指导思想及改革方案,决定改革人民助学金制度,实行奖学金制度和学生贷款制度。同年,国家教委在全国85所普通高等学校进行奖、贷学金试点。

---

① 国家教育委员会,财政部.关于改革现行普通高等学校人民助学金制度的报告[J].中华人民共和国国务院公报,1986(4):584-585.

（三）全面实行奖学金制度和贷款制度

为顺应新的发展形势，国家教委、财政部联合印发《普通高等学校本、专科学生实行奖学金制度的办法》和《普通高等学校本、专科学生实行贷款制度的办法》，要求所有高等院校开始实施"奖学金"与"学生贷款"相结合的资助政策。奖学金和贷款制度的相关管理办法出台，规定对当年入学的本科新生全面实行奖学金制度和贷款制度，并对1986年报告中的制度规定进行了详细描述和补充，标志着我国人民助学金制度的正式取消。

《普通高等学校本、专科学生实行奖学金制度的办法》规定，奖学金分为优秀学生奖学金、专业奖学金、定向奖学金三类。优秀学生奖学金用于奖励德、智、体全面发展的优秀学生，共分为一等优秀学生奖学金、二等优秀学生奖学金、三等优秀学生奖学金这三类，其中一等优秀学生奖学金按学生人数的5%评定，二等按学生人数的10%评定，三等按学生人数的10%评定。专业奖学金适用于考入师范、农林、体育、民族、航海等专业的学生。根据学生入学年限的不同，分为一等专业奖学金、二等专业奖学金、三等专业奖学金这三个等级。定向奖学金适用于立志毕业后到边疆地区、经济贫困地区和艰苦行业工作的学生，具体金额由有关部门和有关地区根据计划确定的名额设立。

《普通高等学校本、专科学生实行贷款制度的办法》规定，为了帮助部分家庭经济确有困难、无力解决在校学习期间生活费用的学生，由国家向学生提供无息贷款，学校负责发放和催还等全部管理工作。关于贷款限额：每人每年申请贷款额最高不得超过300元，少数学生在获得奖学金后，如生活仍有困难的，可以申请贷款，但申请的贷款和获得的奖学金两项之和全年应控制在350元以内。关于贷款的控制比例：发放学生贷款，按最高限额每人每年300元计算，应从严控制在本、专科学生人数的30%以内。由于各院校情况有所不同，当少数院校确需超过规定的贷款额时，应报教育主管部门和同级财政部门批准，但最高不得超过35%。关于贷款偿还的办法：一是学生毕业前，一次或分次还清；二是学生毕业后，由其所在的工作单位将全部货款一次垫还给发放贷款的部门；三是毕业生见习期满后，在两到五年内由所在单位从其工资中逐月扣还；四是毕业生工作的所在单位，可视其工作表现，决定减免垫还的货款；五是对于贷款的学生，因触犯国家法律、校纪，而被学校开除学籍勒令退学和学生自动退学的，应由学生家长负责归还全部货款。

《普通高等学校本、专科学生实行贷款制度的办法》对贷款申请程序、最高限额、贷款比例及偿还方法做了明确规定。学生贷款制度的设立体现了国家资助理念的质的变化，标志着资助方式从无偿到有偿的转变。学生贷款制度的各项规定成为后来国家助学贷款制度的雏形，对于推动贷款制度的发展至关重要。

总之，国家取消"人民助学金"制度，资助政策从无偿资助的"人民助学金"转变为以"奖优"为主的"奖学金"和需要偿还的"学生贷款"。这种有选择性、有针对性的奖学金及学生贷款资助模式的实施，标志着中国资助政策的重大变革，体现着我国经济体制改革的不断深入，表明中国开始跟上国际高校资助的时代步伐。

四、1993—2007 年——"多元混合资助"阶段

随着我国市场经济体制的建立，高校收费制度改革的力度不断加大，以往的奖学金与贷学金制度难以适应新的形势，国家对大学生资助制度做出进一步改革，在完善奖学金和学生贷款制度的基础上，大学生资助的内容与方式日趋多样化。在新资助政策体系建立以来，我国高校大学生资助政策的演变主要经历了三个时期：1993 年至 1999 年"多元混合资助"模式的基本建立；1999 年至 2007 年"多元混合资助"模式的初步发展；2007 年至今"多元混合资助"模式的建立健全。

（一）1993—1999 年混合资助模式的基本建立

在完善原有奖学金制度和贷款制度的基础上，国家教委又推出了多种资助方式，进一步丰富了高校学生资助的政策内容。

1993年8月，国家教委、财政部印发的《关于进一步做好高等学校勤工助学工作意见的通知》，对高等学校勤工助学工作的领导机构、人员配置、工作内容、报酬标准、优先原则、资金筹措、岗位设置等做了明确要求。1994年5月，国家教委、财政部印发《关于在普通高等学校设立勤工助学基金的通知》，要求各高校要充实勤工助学基金，为勤工助学的可持续发展提供基本的财力保障。1994年9月，国家提高了专业奖学金的标准，民族专业奖学金提高到每生每年700元，其他类专业奖学金提高到每生每年500元。同年，国家教育委员会、财政部印发《普通高等学校研究生奖学金办法》，设立研究生奖学金，分为普通奖学金和优秀奖学金。根据普通奖学金资助标准，博士研究生依照工作经历，奖励标准为每人每月190—230元，硕士研究生依照工作经历，奖励标准为每人每月147—187元。优秀奖学金标准评定比例和发放办法等由各学校自定。1998年，清华大学在全国高校中率先开设"绿色通道"，即对被录取入学、家庭贫困新生，一律先办理入学手续，然后根据核实后的情况，予以相应资助。1999年开始试行国家助学贷款政策，并对助学贷款制度的管理体制、贷款的申请和发放、贷款期限、利率和贴息以及贷款回收做出了详细规定。1999年，教育部、财政部印发《关于进一步加强高校资助经济困难学生工作的通知》，要求对于经济特别困难的学生，各高等学校除加大学生贷款、勤工助学、特殊困难补助等资助工作力度外，还要认真执行国家制定的学费减免政策，以确保特别困难学生能够顺利完成学业。

1993年起国家对家庭经济困难学生采取了奖学金、减免学杂费、办理学生贷款、开展勤工助学等资助举措，并在全社会掀起了社会参与捐资助学的运动，初步建成了"奖、补、勤、减、贷"的多元混合资助政策体系。

（二）1999—2007年混合资助模式的初步发展

从1999年开始，国家开始实施高等教育大众化策略并对高等教育收费制度进行了改革，高等教育招生模式不断扩大和学费大幅度提高。国家通过各项制度的出台与完善来不断推进学生资助工作，进一步发展了"奖、贷、助、补、减"的体系，并试行了国家助学贷款和国家奖学金。这一时期，国家逐渐把国家助学贷款作为一种资助经济困难学生的主要手段。"多元混合资助"模式取得了较大发展。

1. 国家助学贷款政策的建立

1999年，随着中国高等教育扩招政策的实施，精英教育被大众教育取代。随后而来的收费并轨使学生和家长必须分担一定的教育成本，而在高等教育收费制度实施之初，2000年左右恰逢中国社会弱势群体遭遇了经济困境。这两项因素导致家庭经济困难学生数量大幅增加，当时的资助政策已难以适应时代的发展，因此原有的学生资助体系必须做出改变，基于当时的时代背景国家助学贷款制度应运而生。1999年6月，国务院办公厅批转了《中国人民银行　教育部　财政部关于国家助学贷款的管理规定（试行）》，8月教育部印发《国家助学贷款管理操作规程（试行）》，决定从当年8月17日开始，国家助学贷款在京、沪、津、渝等8个城市开始试点，由中国人民银行指定中国工商银行办理贷款业务，帮助高校经济困难学生支付在校期间的学费和日常生活费。国家助学贷款利率按中国人民银行公布的法定贷款利率执行，为减轻学生还贷负担，财政部门对贷款学生给予50%的利息补贴。

2000年2月和8月，国家对助学贷款政策进行了两次调整，将贷款范围扩大到全国高校，将承办银行扩大到工、农、中、建4家，将国家助学贷款由担保贷款改为信用贷款模式。2003年下半年，国家助学贷款出现了下滑现象，面临停顿的危险。教育部、财政部、中国人民银行、银监会四部门对国家助学贷款政策和机制进行了重大改革，建立了以风险补偿机制为核心的新政策、新机制。2004年6月，教育部、财政部、人民银行、银监会印发《关于进一步完善国家助学贷款工作的若干意见》，进一步健全国家助学贷款管理体制，改革贷款审批和发放办法，强化普通高校和银行的管理职责，完善还贷约束机制和风险防范机制，新机制颁布实施后，实行贷款学生在校期间贷款利息全部由财政补贴、还款年限延长至毕业后6

年。2006年9月初步启动的国家助学贷款代偿机制等,为完善以国家助学贷款为主体的高校经济困难学生资助体系奠定了良好基础。

2. "绿色通道"制度的建立

为确保被录取的家庭经济困难新生顺利入学,2000年,教育部、财政部、国家计委要求各高校必须建立"绿色通道"制度,对被录取的家庭经济困难新生,一律先办理入学手续,然后再通过国家各项资助政策,例如国家助学贷款、勤工助学等方式来解决家庭经济困难学生在求学期间经济上的问题①。绿色通道制度在为家庭经济困难新生的入学提供保障的同时,还为各项助学项目的实施奠定了坚实的基础,得到了学生本人、家庭以及社会的广泛认可。

3. 国家奖学金制度的建立

2002年,财政部、教育部印发《国家奖学金管理办法》,详细规定了国家奖学金制度的实施程序和管理办法。决定自2002年起,中央政府每年出资2亿元设立国家奖学金,每年资助4.5万名成绩优秀的家庭经济困难本专科学生。国家奖学金分两个档次:一等奖学金,每人每年6 000元;二等奖学金,每人每年4 000元。国家奖学金获得者,其所在学校减免当年的全部学费。国家奖学金制度的设立进一步丰富发展了高校大学生资助政策体系,促进了混合资助模式的内容的完整性。

4. 对资助政策工作进行总结

2003年,教育部指出部分高校领导对资助工作重视力度不强,为此提出以下要求:其一,各省级教育行政部门立即对本地区普通高等学校家庭经济困难学生资助政策体系的建设情况,以及各项政策的实际执行情况组织全面总结和检查;其二,每所高校应建立资助经济困难学生工作机制并落实专门机构、明确领导分工,并配合银行部门做好国家助学贷款工作等;其三,加强宣传措施,对各项资助政策进行充分宣传;其四,在新学

---

① 余秀兰.60年的探索:建国以来我国大学生资助政策探析[J].北京大学教育评论,2010(1):153.

期开学时设立"绿色通道",确保贫困生顺利入学;其五,深化勤工助学工作,做好奖学金、特殊困难补助和学费减免等各项工作。教育部既肯定了近年来我国学生资助工作所取得的成绩,同时也对国家助学贷款、绿色通道制度、勤工助学等资助政策的深入贯彻落实提出了要求。

5. 建立国家助学奖学金制度

2005年,财政部、教育部关于印发《国家助学奖学金管理办法》的通知,在原有的国家奖学金制度上进一步增设国家助学金。国家助学奖学金由中央政府出资设立,面向公办全日制普通高等学校在校本专科学生中的贫困家庭学生。其分为国家奖学金和国家助学金两种形式:前者面向家庭经济困难、品学兼优的全日制本专科学生;后者的资助对象为高校中家庭经济特别困难的全日制本专科学生,并以资助特困学生生活为目的,标准为每人每月150元,每年按10个月发放,每年资助约53.3万名学生[①]。国家奖学金和国家助学金的分设,大大扩大了对高校贫困学生的资助面。

如前所述,1999年至2007年的学生资助政策体系在前一阶段基本建立的基础上逐步发展,通过各项制度的出台与完善来推进执行与宣传工作。至此,我国高校学生资助形成"奖、补、勤、减、贷、助"配合"绿色通道"的制度体系。这个时期的资助政策体系呈现出相互补充、层次递进的特点,多元化学生资助政策体系得到了初步发展。

(三) 2007年至今混合资助模式的建立健全

随着高等教育收费制度的确立,及高校扩招,高校贫困生问题凸显,既有资助政策资助面偏窄、资助标准偏低的问题越来越突出。为了"使家庭经济困难学生能够上得起大学",保障公民的社会权利的实现,国家有必要建立新的家庭经济困难学生的资助政策。为了贯彻党的十六大和十六届三中、六中全会精神,切实解决家庭经济困难学生的就学问题,国务院

---

① 财政部,教育部.财政部 教育部关于印发《国家助学奖学金管理办法》的通知[J].中华人民共和国教育部公报,2005(9):40-41.

决定,建立健全普通本科高校、高等职业学校和中等职业学校家庭经济困难学生资助政策体系,让家庭经济困难学生上得起大学,接受现代职业教育。以2007年国务院出台的《国务院关于建立健全普通本科高校高等职业学校和中等职业学校家庭经济困难学生资助政策体系的意见》(国发〔2007〕13号)文件为标志,我国建立健全了涵盖"奖、助、勤、贷、减(免)、补、偿"的"多元混合资助"模式:有以"奖优"为主的国家励志奖学金;有以解决家庭经济困难学生基本生活问题为目的的国家助学金;有帮助学生支付学费和生活费的助学贷款;有让学生通过劳动获取一定报酬,补贴在学期间开支的勤工助学;有根据实际情况给予的临时的一次性的困难补助;有针对孤残学生、少数民族学生及烈士子女、优抚家庭子女等特殊学生群体的学费减免;有针对服兵役、毕业后到艰苦地方就业的学生的学费补偿代偿。在该政策的指导下,财政部和教育部于2007年6月起接连下发了六个政策文件对国家奖学金、国家励志奖学金、国家助学金、生源地信用助学贷款、勤工助学及贫困学生认定工作做了明确详细的规定。

表2-1 2007年我国高校资助政策一览表(部分)

发文时间	资助政策文件名	发文文号
2007年6月26日	教育部、财政部关于印发《普通本科高校、高等职业学校国家奖学金管理暂行办法》的通知	财教〔2007〕90号
2007年6月26日	教育部、财政部关于印发《高等学校学生勤工助学管理办法》的通知	财教〔2007〕7号
2007年6月26日	《教育部 财政部关于认真做好高等学校家庭经济困难学生认定工作的指导意见》	财教〔2007〕8号
2007年6月27日	财政部、教育部关于印发《普通本科高校、高等职业学校国家励志奖学金管理暂行办法》的通知	财教〔2007〕91号
2007年6月27日	财政部、教育部关于印发《普通本科高校、高等职业学校国家助学金管理暂行办法》的通知	财教〔2007〕92号
2007年8月13日	《财政部 教育部 国家开发银行关于在部分地区开展生源地信用助学贷款试点的通知》	财教〔2007〕135号

1. 国家奖学金制度

根据《普通本科高校、高等职业学校国家奖学金管理暂行办法》(财教〔2007〕90号)的规定,国家奖学金是由中央政府出资设立,旨在奖励特别优秀学生的奖学金。获得该项奖学金的学生不仅品学兼优,在校园内还应具备引领模范作用。这部分补助是无偿性的,不需要学生以任何方式偿还。国家奖学金每学年评选一次,各高校于每学年开学初启动评审工作,每年奖励5万名学生,奖励标准为每生每年8 000元,所需资金由中央负担。

该办法明确指出,财政部有关部门确定中央高校国家奖学金的名额。各省、自治区和直辖市根据财政部、教育部确定的总人数,以及高校数量、类别、办学层次、办学质量、在校本专科生人数等因素,来确定地方高校国家奖学金的名额。

国家奖学金评审的时间为每学年一次,并在每年11月30日前一次性发放,颁发国家统一印制的奖励证书,并记入学生的学籍档案。国家奖学金的评定面向全体学生,与家庭是否经济困难无关,学生只要符合规定条件,均可获得国家奖学金。同一学年内,获得国家奖学金的家庭经济困难学生可以同时申请并获得国家助学金,但不能同时获得国家励志奖学金。

2. 国家励志奖学金制度

根据《普通本科高校、高等职业学校国家励志奖学金管理暂行办法》(财教〔2007〕91号)的规定,国家励志奖学金是由中央与地方政府共同出资建立的,根据地区经济形势不同,国家励志奖学金来源的比例也有所不同。这部分补助是无偿性的,不需要学生以任何方式偿还,体现了国家对高校家庭经济困难生的关怀。与国家奖学金相比,国家励志奖学金有着本质上的不同。该奖学金的奖励对象只能是家庭经济困难的学生,也就是贫困生,主要是为了激励家庭经济困难学生吃苦耐劳、积极进取,旨在奖励在德、智、体、美等方面全面发展的学生,国家励志奖学金每年评定一次，每年9月30日前，学生通过学院向学校提出申请，各高校于当年10月31日前完成评审。额度为每人每年5 000元，评审机制是实行等额评审。高校每年11月30日前将国家励志奖学金一次性发放给获奖学生，并记入学生的学籍档案。

该办法对国家励志奖学金申请的年限、免费师范生不能申请该项资助做了明确的规定；同时规定同一学年内，申请国家励志奖学金的学生可以同时申请并获得国家助学金，但不能同时获得国家奖学金。

3. 国家助学金制度

国家助学金是由中央与地方政府共同出资建立的，根据地区经济形势不同，助学金来源的比例也有所不同。这部分补助是无偿性的，不需要学生以任何方式偿还，体现了国家对高校贫困生的关怀。国家助学金每年评定一次，每年9月30日之前，学生通过学院向学校提出申请，各高校于当年11月15日前完成评审。根据《普通本科高校、高等职业学校国家助学金管理暂行办法》（财教〔2007〕92号）的规定，国家助学金主要用于资助高校全日制本专科（含高职、第二学士学位）在校生中的家庭经济困难学生的生活费等日常开销。其平均资助标准为每人每年2 000元，具体标准可以分为2~3档，在每人每年1 000~3 000元的范围内确定。每年分两次发放，发放时间为每学期的期末。按照要求，同一学年内，申请并获得国家助学金的学生（不论等级），可以申请国家奖学金或者国家励志奖学金。但调查发现，由于国家下发的名额有限，家庭经济困难生数量较多，对以上指出的三类奖助学金高校一般不会重复评选。

国家助学金的性质与奖学金有着很大的区别，其资助的对象仅仅是贫困大学生，而这些贫困大学生的学习成绩则占次要。当然，如果同样都是贫困大学生，但是只能资助其中的一部分，首先要视他们的贫困程度来决定资助哪些学生，如果贫困程度也相同的话，还是要比较他们的学习成绩和品行。与奖学金相比，国家助学金的分配名额也相对较多，于是，现在这一类型的资助已经成为高校当中很多贫困生获得一定生活费补贴的重要渠道。

4. 国家助学贷款政策

为贯彻落实《国务院关于建立健全普通本科高校高等职业学校和中等职业学校家庭经济困难学生资助政策体系的意见》（国发〔2007〕13号）精神，帮助家庭经济困难学生顺利完成学业，财政部、教育部和国家开发银行决定，在江苏、湖北、重庆、陕西、甘肃5省市（以下简称"试点省份"）开展生源地信用助学贷款试点。生源地信用助学贷款是国家助学贷款的重要组成部分。开展生源地信用助学贷款试点工作，是进一步完善国家助学贷款运行机制、推动国家助学贷款工作的重要步骤，是利用财政、金融手段，创新金融服务体系，解决家庭经济困难学生就学问题的重要探索和实践，对进一步完善我国家庭经济困难学生资助政策体系、充分发挥政策整体效应、确保实现国家资助政策既定目标等具有十分重要的意义。

《财政部 教育部 国家开发银行关于在部分地区开展生源地信用助学贷款试点的通知》（财教〔2007〕135号）规定：生源地信用助学贷款按年度申请、审批和发放。每个借款人每年申请的贷款原则上最高不超过6 000元，主要用于解决学生在校期间的学费和住宿费问题。贷款期限原则上按全日制本专科学制加10年确定，最长不超过14年。学制超过4年或继续攻读研究生学位、第二学士学位的，相应缩短学生毕业后的还贷期限。生源地信用助学贷款利率执行中国人民银行同期公布的同档次基准利率，不上浮，利息按年计收。学生在校期间的利息由财政金额贴息，毕业后的利息由学生和家长（或其他法定监护人）共同负担。学生在校及毕业后两年期间为宽限期，宽限期后由学生和家长（或其他法定监护人）按借款合同约定，按年度分期偿还贷款本金。

国家助学贷款由政府主导，由政府调查学生的家庭经济状况并向金融机构提供担保，金融机构向高校家庭经济困难学生提供信用助学贷款，帮助家庭经济困难学生解决大学期间的学费问题。贷款产生的利息以中国人民银行同期公布的同档次基准利率为准，全部由国家财政负担，学生毕业后按期还清本金即可。贷款期间，银行、学校、贷款人三方签订合同关系，学校为学生承担风险，学校要对放款的银行机构负责，辅导员积极引导学生并尽力帮助学生解决就业问题，督促其按时还款，如学生未按时还款，学校及学生本人都要承担因信用问题带来的麻烦。

5. 勤工助学

勤工助学与奖学金和助学金的性质不同，主要是指大学生在学校相关部门的有效组织下，利用课余时间，通过自己的劳动取得合法报酬，是经济困难学生通过自己的劳动赚取部分生活费的较好方式，也是提高学生综合素质和责任感的有效途径。这种有偿的资助方式，具有工作的性质，学生可以通过这项资助所取得的报酬，贴补自己的生活费用，改善自身的学习条件等。

为规范管理高等学校学生勤工助学工作，促进勤工助学活动健康、有序开展，保障学生的合法权益，帮助家庭经济困难学生顺利完成学业，教育部、财政部联合制定了《高等学校学生勤工助学管理办法》（财教〔2007〕7号），规定勤工助学的岗位分为固定岗位和临时岗位两种。固定岗位指的是持续一个学期以上的长期性岗位和寒暑假期间的连续性岗位；临时岗位指的是不具有长期性的，通过一次或者几次勤工助学活动即完成工作任务的岗位。校内勤工助学岗位设置应以校内教学助理、科研助理、行政管理助理和后勤服务等为主；学校后勤部门应大幅度减少雇用临时工，调整出适合学生参与管理和服务的岗位，为学生提供更多的勤工助学机会。

6. 家庭经济困难学生认定

为认真做好高等学校家庭经济困难学生认定工作，公平、公正、合理地分配资助资源，切实保证国家制定的各项高等学校资助政策和措施真正落实到家庭经济困难学生身上，在2007年教育部和财政部联合颁布的《教育部 财政部关于认真做好高等学校家庭经济困难学生认定工作的指导意见》（教财〔2007〕8号）中，对高等学校家庭经济困难学生认定工作做了要求。

高校家庭经济困难学生是指学生本人及其家庭所能筹集到的资金，难以支付其在校期间的学习和生活基本费用的学生。导致这一情况的原因基本上是遭受自然灾害、偏远地区经济落后、多子女家庭、单亲家庭、孤儿等情况。由于我国各地区之间发展不均衡，因此对困难的详细标准不做统一的规定，由各省、自治区和直辖市的有关教育部门根据本地区的具体情况，制定切合实际、相对合理的贫困生认定标准。家庭经济困难学生认定工作必须严格工作制度，规范工作程序，做到公开、公平、公正。由学生本人提出申请，实行民主评议和学校评定相结合的原则。

第二节　现行高校学生资助政策概述及执行情况

高校学生资助与高等教育事业的发展是紧密结合的。党的十八大以来，党和国家高度重视学生资助工作，把学生资助工作摆在脱贫攻坚的突出位置，推进学生资助由保障型向发展型转变，受助对象识别不断精准化、资助项目不断多样化、资助面覆盖面不断扩大化，形成了具有中国特色的学生资助工作体系[①]。经过长时间的实践探索和经验总结，高校学生资助工作体系不断完善。

党的十九大报告指出，要健全学生资助制度，使绝大多数城乡新增劳动力接受高中阶段教育，更多接受高等教育，为学生资助工作进一步指明了方向，提出了更新更高的要求。2020年，脱贫攻坚战取得全面胜利，消除了绝对贫困和区域性整体贫困。然而，这一成果并不意味着扶贫工作的结束，解决发展不平衡不充分问题、缩小城乡区域发展差距、实现人的全面发展和全体人民共同富裕仍然任重道远。站在新的历史起点上，高校应建立"相对贫困"的全新工作视角，重新认识和了解资助对象，梳理资助工作方式与思路，全面推进学生资助精准化，切实发挥资助育人功效，努力提升资助科学化水平，实现资助工作高质量发展。

---

① 刘泽.高校资助工作在乡村人才振兴中的角色定位与实践路径[J].教育评论，2020(9)：40－45.

一、现行高校学生资助政策的时代背景

(一) 巩固拓展脱贫攻坚成果

习近平总书记在全国脱贫攻坚总结表彰大会上庄严宣告:"我国脱贫攻坚战取得了全面胜利,现行标准下 9 899 万农村贫困人口全部脱贫。"[1]脱贫摘帽不是终点,而是新生活、新奋斗的起点。我国脱贫攻坚取得全面胜利以后,首要面临的问题是要防止返贫。2021 年 12 月 25 日在北京召开中央农村工作会议。习近平总书记指出,乡村振兴的前提是巩固脱贫攻坚成果,要持续抓紧抓好,让脱贫群众生活更上一层楼。要持续推动同乡村振兴战略有机衔接,确保不发生规模性返贫,切实维护和巩固脱贫攻坚战的伟大成就。

对于已脱贫人口,已有多项研究指出返贫原因复杂嬗变,可能因患有疾病、子女接受教育、丧失劳动能力、失业、正当权益保护不力等诸多因素影响,脱贫对象收入水平低于国家贫困新标准,重新返回贫困状态[2]。对于有返贫风险的边缘户,国家总的要求是,坚决守住不发生规模性返贫的底线。国家从建立长效机制、保持政策的连续和稳定、强化帮扶、汇聚各方力量和继续压实工作责任多个方面着手防止农村人口再次返贫。一是建立防止返贫的监测和帮扶长效机制。监测脱贫不稳定户、边缘易致贫户,以及因病因灾因意外事故等刚性支出较大或收入大幅缩减而基本生活出现严重困难户,重点监测其收入支出状况、"两不愁三保障"及饮水安全状况。目的在于早发现、早干预、早帮扶。立足国情和农情,分类分层次做好救助工作,切实保障他们的基本生活。二是要保持政策的连续和稳定。中央规定要对脱贫县设立五年过渡期,在这五年过渡期内还要保障帮扶政

---

[1] 习近平.在全国脱贫攻坚总结表彰大会上的讲话[EB/OL].[2021-03-01].https://baijiahao.baidu.com/s?id=1692670742063214981&wfr=spider&for=pc.

[2] 何阳,娄成武.后扶贫时代贫困问题治理:一项预判性分析[J].青海社会科学,2020(1):109-117.

策的连续稳定，也就是要"扶上马、送一程"。对现有的帮扶政策进行梳理、调整和优化，逐步实现从集中力量支持脱贫攻坚到推进乡村振兴平稳过渡。三是强化帮扶。持续做好易地搬迁等扶持工作，尤其在产业帮扶、就业帮扶，加强基础设施、公共服务建设方面持续发力。在产业帮扶上，要补齐技术、设备、资金等短板，进一步提档升级。在就业帮扶上，在稳定原有就业规模基础之上，给脱贫户争取创造更多就业机会。四是继续压实工作责任。在过渡期内，坚持由五级书记共同抓牢巩固拓展脱贫攻坚成果、全面推进乡村振兴工作。做好巩固拓展脱贫攻坚成果的评估工作，主要是评估巩固质量和拓展成效，压紧压实各级党委和政府的责任，坚决守住不发生规模性返贫的底线。

对于已经脱贫但是脱贫不稳定的家庭来说，如果家庭有受教育子女没有得到有效资助，很有可能会造成家庭因学返贫的情况，从而导致脱贫攻坚成果无法巩固拓展。巩固拓展脱贫攻坚成果是高校学生资助工作的现实时代使命。《教育部 国家发展改革委 财政部 国家乡村振兴局关于实现巩固拓展教育脱贫攻坚成果同乡村振兴有效衔接的意见》（教发〔2021〕4号）指出，全面打赢脱贫攻坚战、全面建成小康社会后，要继续巩固拓展教育脱贫攻坚成果，坚决防止返贫。贯彻落实党中央、国务院部署，脱贫攻坚目标任务完成后，设立5年过渡期。在过渡期内，高校要对原建档立卡家庭学生实行全程跟踪监测，持续保障原建档立卡学生得到充分资助，坚持输血与造血相结合，着力培养困难学生发展性能力。要通过保障其子女接受教育、成长成才，为原建档立卡家庭筑牢摆脱贫困的根基，促进稳定脱贫、高质量脱贫，进而巩固拓展脱贫攻坚成果。

（二）全面服务乡村振兴战略

随着脱贫攻坚战取得全面胜利，巩固脱贫攻坚成果和实现乡村振兴成为新的时代议题。习近平总书记强调，"胜非其难也，持之者其难也"。我们要切实做好巩固拓展脱贫攻坚成果同乡村振兴有效衔接各项工作，让脱贫基础更加稳固、成效更可持续①。乡村振兴战略是新时代我国开展"三农"工作的总抓手。随着我国现行标准下农村贫困人口全部实现脱贫，脱贫攻坚成果巩固拓展与乡村振兴全面实现成为今后"三农"工作的重点任务②。乡村振兴的关键在于人才的振兴。中央一号文件明确指出："发展人力资源应放在首位，智力、技术和管理渠道应畅通无阻，以创造更多的本地人才，聚天下人才而用之。"高校作为社会中人才培养、科技创新、社会服务的重要阵地，在这场关系国计民生的"战役"中，其社会服务职能便是不断向脱贫地区输送高等教育资源的"红利"。巩固脱贫攻坚成果，有效衔接并助力乡村振兴战略，正在成为新时代背景下高校的历史职责与使命。

　　立足于乡村振兴战略的使命目标，对标发展型资助的内涵要求，高校学生资助依旧存在诸多欠缺与不足。其一是对学生反哺家乡、建设乡村意识的培育不足。在乡村振兴战略的时代背景下，国家需要一批有理想、有抱负、有能力的高校学生返乡投身建设，但由于长期受到乡村观念和文化氛围的影响，加之物质资料相较城市的匮乏，高校家庭经济困难学生普遍缺乏回乡建设的动力。现如今，我国高校学生资助体系趋于完善，基本可以满足困难学生顺利完成学业的需求，但高校在困难学生理想信念树立、职业生涯和人生发展规划的引导上有所偏失。高校资助工作"德育"教育缺位，感恩、反哺意识培养不足，加重了乡村人才的流失。其二是对学生投身乡村、建设家乡的能力培养欠缺。高校与乡村基层的联合培养机制，对于提升学生投身乡村振兴的能力和在就业市场中的竞争力起到关键作用。然而，当前大多数高校在培养家庭经济困难学生时没有构建起学校与乡村的联动机制。另外，高校专业设置和课程安排鲜有对当下农村发展的实际需求进行考察和有效对标，在科研和教学的双重压力下，高校教师对

---

① 习近平.在全国脱贫攻坚总结表彰大会上的讲话[EB/OL].[2021-03-01].新华网,https://baijiahao.baidu.com/s?id=1692670742063214981&wfr=spider&for=pc.
② 韩嵩,秦玉友.新时代高校助力脱贫地区乡村振兴的实现路径[J].黑龙江高教研究,2021(10):1-5.

农村发展的实际情况和就业市场的实际需求知之甚少。高等教育与乡村建设的协同不足，导致学生不具备返乡建设的基本知识、技能和社会适应力。乡村振兴精英人才的培养不力，成为制约乡村发展的严重短板。

乡村是中国社会发展的根基，乡村振兴战略关系到第二个百年奋斗目标的全面实现。在新的时代背景下，高校资助工作需要进一步提档升级，激发青年学生投身乡村建设的豪情壮志，在乡村振兴中发挥更为重要的作用，担当起助力乡村振兴的时代使命。

（三）确立人才培养中心任务

教育是国之大计、党之大计。党的十八大以来，习近平总书记对教育工作作出一系列重要论述，多次强调人才培养工作的重要性。中共中央、国务院印发了《中国教育现代化2035》，提出了推进教育现代化的八大基本理念：更加注重以德为先，更加注重全面发展，更加注重面向人人，更加注重终身学习，更加注重因材施教，更加注重知行合一，更加注重融合发展，更加注重共建共享。《中国教育现代化2035》提出推进教育现代化的总体目标是：到2020年，全面实现"十三五"发展目标，教育总体实力和国际影响力显著增强，劳动年龄人口平均受教育年限明显增加，教育现代化取得重要进展，为全面建成小康社会作出重要贡献。在此基础上，再经过15年努力，到2035年，总体实现教育现代化，迈入教育强国行列，推动我国成为学习大国、人力资源强国和人才强国，为到21世纪中叶建成富强、民主、文明、和谐、美丽的社会主义现代化强国奠定坚实基础。

教育强则国强。党的十九大报告强调，加快一流大学和一流学科建设，实现高等教育内涵式发展。建设世界一流大学和一流学科（以下简称"双一流"建设）是党中央、国务院作出的重大战略部署。"双一流"建设实施以来，各项工作有力推进，改革发展成效明显，推动高等教育强国建设迈上新的历史起点。《教育部 财政部 国家发展改革委关于深入推进世界一流大学和一流学科建设的若干意见》提出：要更加突出"双一流"建设培养一流人才、服务国家战略需求、争创世界一流的导向，深化体制机制改革，统筹推进、分类建设一流大学和一流学科，在关键核心领域加快培养战略科技人才、一流科技领军人才和创新团队，为全面建成社会主义现代化强国提供有力支撑。

如何通过资助育人，让每一个家庭困难学生都成为有用之才是学生资助工作的任务和目标。学生资助工作绝不是简单地发钱、发物，要全面推动保障型资助向发展型资助转变。首先，要始终坚持立德树人。培养什么人是教育的首要问题。立德树人，是当前教育工作的根本任务，也是资助育人工作的根本任务。高校要围绕"立德树人"这个核心，通过打造公益服务、校园文化和社会实践等全方位的育人平台，将德育融入政策普及和宣讲等形式多彩的资助育人活动中，融入各项资助实践活动中，构建物质帮助、道德浸润、能力拓展、精神激励有效融合的长效机制，形成"解困—育人—成才—回馈"的良性循环。其次，要把社会主义核心价值观融入资助工作全过程。在奖助学金评选发放环节，重点培养学生争先创优的拼搏奋斗精神；在国家助学金申请和发放环节，着力开展感恩励志教育，培养学生自立自强精神；在国家助学贷款办理过程中，开展诚信教育和金融征信教育，引导学生树立诚信意识；在勤工助学活动开展环节，着力提升学生的劳动意识；在基层就业学费补偿贷款代偿、服兵役高等学校学生国家教育资助等工作环节中，让学生树立正确的成长观、就业观和价值观。同时，全面提升受助学生的发展能力。帮助受助学生制定成长规划方案，为其创造和提供个性化的能力提升项目，使他们享有平等发展的机会，着力培养受资助学生的实践能力和创新精神，努力把每一个受助学生培养成建设创新型国家所需要的合格人才。

二、现行高校学生资助政策概述

新中国成立以来，中国高等教育开启了历史性的新篇章，真正迈出了国家高等教育现代化的步伐。党和政府始终高度重视家庭经济困难学生上学问题，自2007年起，不断完善资助政策体系，形成了国家资助、学校奖助、社会捐助、学生自助"四位一体"的发展型资助体系；建构了普惠性资助、助困性资助、奖励性资助和补偿性资助有机结合的"多元混合"的资助模式；建立起了以国家奖学金、国家励志奖学金、国家助学金、国家助学贷款、服兵役高等学校学生国家教育资助、基层就业学费补偿贷款代偿、师范生公费教育、新生入学资助项目、勤工助学、学费减免、特殊困难补助等多种形式有机结合的高校学生资助政策体系。

高校学生资助政策体系按资金来源分类，可分为国家支持、学校专设、社会赞助三大来源。由国家支持的资助包括国家奖助学金、国家励志奖学金、国家助学贷款（校园地国家助学贷款、生源地信用助学贷款）、服兵役高等学校学生国家教育资助、基层就业学费补偿贷款代偿、师范生公费教育、新生入学资助项目等；学校专设的资助包括勤工助学、困难补助、学费减免、新生"绿色通道"、学校设立的奖助学金等；还有一部分资助来自社会赞助，包括社会团体、企事业单位和个人捐助资金实施的资助。（图2-1）

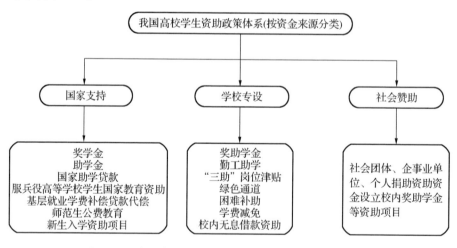

图2-1 我国高校学生资助政策体系（按资金来源分类）

（一）国家支持

2020年，政府、高校及社会设立的各项普通高等教育学生资助政策共资助全国普通高等教育学生3 678.22万人次，资助资金1 243.79亿元。其中：财政资金653.04亿元，占2020年度普通高等教育资助资金总额的52.51%，其中，中央财政资金451.48亿元，占普通高等教育资助资金总额的36.30%，地方财政资金201.56亿元，占普通高等教育资助资金总额的16.21%，占财政资金总额的30.86%[①]。财政是高等教育资助经费的主要来源，发挥了主导作用。

1. 奖学金

奖学金分为本专科生国家奖学金、研究生国家奖学金、国家励志奖学金、研究生学业奖学金。

本专科生国家奖学金是指为了激励普通本科高校、高等职业学校和高等专科学校学生勤奋学习、努力进取，在德、智、体、美、劳等方面全面发展，由中央政府出资设立的用来奖励特别优秀的全日制在读本专科学生的奖学金（图2-2）。中央政府出资设立高校国家奖学金，奖励特别优秀的全日制普通高校本专科（含高职、第二学士学位）在校生，从二年级起，只要符合规定条件，均可申请获得国家奖学金，每生每年8 000元，每年奖励6万名。2019年6月，国务院常务会议研究决定，从2019年开始扩大高职院校奖助学金覆盖面，国家奖学金名额由5 000人增至15 000人。

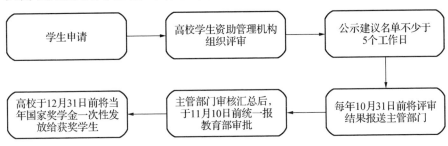

图2-2 本专科生国家奖学金申请流程

为了奖励纳入全国招生计划内的高校中表现优异的全日制研究生，发展中国特色研究生教育，促进研究生培养机制改革，提高研究生培养质量，中央财政出资设立研究生国家奖学金。研究生国家奖学金博士研究生

---

① 参见中国学生资助发展报告（2020年）[EB/OL].（2021-09-16）[2021-09-18]. http://www.xszz.cee.edu.cn/index.php/shows/70/7264.html.

奖励标准为每生每年3万元,每年奖励1万名;硕士研究生奖励标准为每生每年2万元,每年奖励3.5万名。(图2-3)

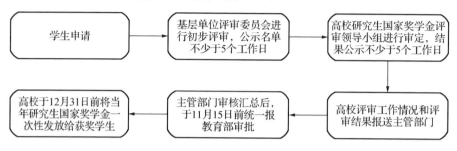

图2-3 研究生国家奖学金申请流程

国家励志奖学金是为了激励普通本科高校、高等职业学校和高等专科学校的家庭经济困难学生勤奋学习、努力进取,在德、智、体、美、劳等方面全面发展,由中央和地方政府共同出资设立的,奖励资助品学兼优的家庭经济困难学生的奖学金(图2-4)。国家励志奖学金资助面平均约占全国全日制普通高校本专科在校学生总数的3%,每生每年5 000元,一次性发放。同一学年内,申请国家励志奖学金的学生可以同时申请并获得国家助学金,但不能同时获得国家奖学金。

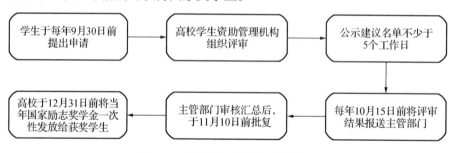

图2-4 国家励志奖学金申请流程

研究生学业奖学金,是为了激励研究生勤奋学习、潜心科研、勇于创新、积极进取,在全面实行研究生教育收费制度的情况下更好地支持研究生顺利完成学业所设立的奖学金(图2-5)。研究生学业奖学金针对的是中央高校中纳入全国研究生招生计划的全日制研究生。中央高校研究生学业奖学金由中央高校负责组织实施,中央财政对中央高校学业奖学金所需资金,按博士研究生每生每年10 000元、硕士研究生每生每年8 000元的标准及在校生人数的一定比例给予支持，中央高校按规定统筹利用财政拨款、学费收入、社会捐助等，奖励支持表现良好的研究生完成学业。获得研究生学业奖学金奖励的研究生，可以同时获得研究生国家奖学金、研究生国家助学金等。

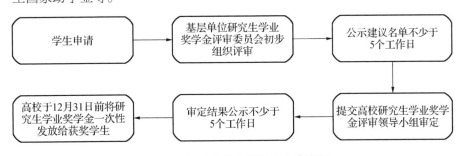

图 2-5 研究生学业奖学金申请流程

2. 助学金

中央和地方政府共同出资设立的高校国家助学金，主要资助家庭经济困难的全日制普通高校本专科在校学生（含预科、高职、第二学士学位，不含退役士兵学生）的生活费用开支（图 2-6）。国家助学金资助面平均约占全国全日制普通高校本专科在校学生总数的 20%，其中：东部地区为 10%、中部地区为 20%、西部地区为 30%。各地可结合实际，在确定资助面时适当向农村地区、贫困地区和民族地区倾斜。全国平均每生每年 3 000 元。2019 年 6 月，国务院常务会议研究决定，从 2019 年开始扩大高职院校奖助学金覆盖面，国家助学金覆盖范围扩大，平均补助标准从每生每年 3 000 元提高至 3 300 元，并同步提高本科院校学生补助标准。同时，为进一步支持博士研究生培养工作，调动青年高端人才积极性，经国务院同意，决定从 2017 年春季学期起，提高全国研究生招生计划内的全日制博士研究生（有固定工资收入的除外）国家助学金资助标准，其中：中央高校硕士研究生每生每年 6 000 元，博士研究生每生每年 15 000 元；地方所属高校研究生国家助学金资助标准由各省（自治区、直辖市、计划单列市）财政部门会同教育部门确定，硕士研究生每生每年不低于 6 000 元，博士研究生每生每年不低于 13 000 元。

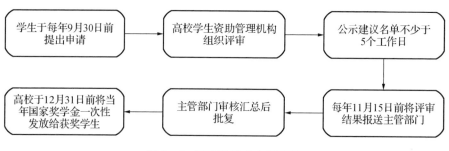

图 2-6 国家助学金申请流程

3. 国家助学贷款

国家助学贷款是党中央、国务院在社会主义市场经济条件下，利用金融手段完善我国普通高校资助政策体系，加大对普通高校家庭经济困难学生资助力度所采取的一项重大措施。由政府主导，金融机构向高校家庭经济困难学生提供的信用助学贷款，帮助解决其在校期间的学习、住宿和生活费用，毕业后分期予以偿还。国家助学贷款有两种模式：一是校园地国家助学贷款，可以通过本校学生资助部门向经办银行申请国家助学贷款；二是生源地信用助学贷款，可以向户籍所在县（市、区）的学生资助管理机构提出贷款申请。同一学年内，有贷款需求的学生只能选择申请办理一种类型国家助学贷款。（图 2-7、图 2-8）

2015 年，教育部、财政部、中国人民银行、银监会联合印发《关于完善国家助学贷款政策的若干意见》，扩大贴息范围，延长还款期限，建立还款救助机制。2020 年 7 月 21 日，教育部等四部门调整完善国家助学贷款政策，助学贷款期限为学制加 15 年，最长不超过 22 年。助学贷款利率按照同期同档次贷款市场报价利率（LPR）减 30 个基点执行。2021 年 9 月 1 日，国务院常务会议决定强化国家助学贷款支持，完善国家助学贷款政策，提高国家助学贷款额度。一是自 2021 年秋季学期起提高贷款额度，将本专科生每生每年最高贷款额度由 8 000 元提高至 12 000 元，研究生由 12 000 元提高至 16 000 元，财政对学生在校期间的贷款利息实行全额补贴。二是财政继续对助学贷款承办银行给予一定比例风险补偿并合理调低补偿比例。三是引导学生勤俭节约，努力向学、学以致用，增强就业、报效国家、服务社会能力。

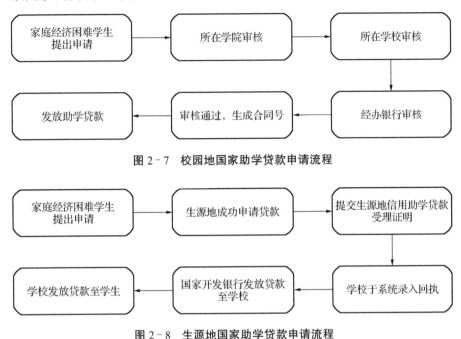

图 2-7　校园地国家助学贷款申请流程

图 2-8　生源地国家助学贷款申请流程

4. 服兵役高等学校学生国家教育资助

为推进国防和军队现代化建设,鼓励高等学校学生积极应征入伍服兵役,提高兵员征集质量,支持退役士兵接受系统的高等教育,提高退役士兵就业能力,国家对应征入伍服义务兵役、招收为士官、退役后复学或入学的高等学校学生实行学费补偿、国家助学贷款代偿、学费减免(图2-9)。学费补偿或国家助学贷款代偿金额,按学生实际缴纳的学费或获得的国家助学贷款两者金额较高者执行;复学或新生入学后学费减免金额,按高等

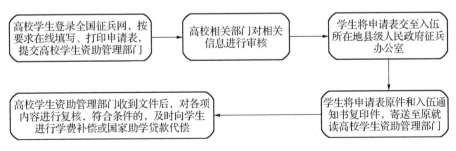

图 2-9　服兵役高等学校学生国家教育资助申请流程

学校实际收取学费金额执行。学费补偿、国家助学贷款代偿以及学费减免的标准，本专科生每生每年最高不超过 8 000 元，硕士及博士研究生每生每年不超过 12 000 元，超出标准部分不予补偿、代偿或减免。

5. 基层就业学费补偿贷款代偿

国家对中央部门所属全日制普通高等学校应届毕业生，自愿到中西部地区和艰苦边远地区基层单位就业、服务期达到 3 年以上（含 3 年）的，实施相应的学费补偿和国家助学贷款代偿，每学年补偿学费或代偿贷款金额本专科生不超过 8 000 元/学年、研究生不超过 12 000 元/学年，实际缴纳学费或实际贷款低于上述标准的，按实际金额补偿或代偿；若获学费补偿的学生在校期间获得国家助学贷款的，补偿资金必须首先用于偿还国家助学贷款。国家采用分年度补偿代偿的办法，学生毕业后每年补偿学费或代偿国家助学贷款总额的 1/3，3 年补偿代偿完毕。地方高校毕业生学费补偿贷款代偿由各地参照中央政策制定执行。（图 2-10）

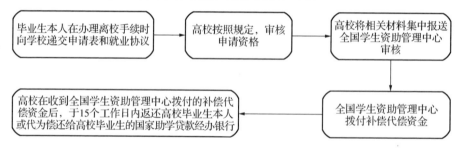

图 2-10 基层就业学费补偿贷款代偿申请流程

6. 师范生公费教育

北京师范大学、华东师范大学、东北师范大学、华中师范大学、陕西师范大学和西南大学六所教育部直属师范大学的公费师范生，以及中西部欠发达地区优秀教师定向培养计划（简称"优师计划"）师范生，在校期间不用缴纳学费、住宿费，还可获得生活费补助。有志从教并符合条件的非师范专业优秀学生，在入学两年内，可按规定转入公费师范专业，高校返还学费、住宿费，补发生活费补助。师范生公费教育在优化教师培养机制和优秀生源激励政策等方面发挥了促公平的导向作用，带动了 28 个省

（区、市）实施地方师范生公费教育，每年培养补充4万余名高校毕业生到农村中小学任教，有效缓解了贫困地区教师"下不来、留不住、教不好"的问题，在改善和均衡贫困地区师资配置、帮助寒门学子圆大学梦等方面社会效果显著。

7. 新生入学资助项目

从2012年秋季学期起，中央教育发展基金会利用中央专项彩票公益金润雨计划部分专项资金，设立了普通高校家庭经济困难学生入学资助项目，用于资助普通高校家庭经济困难新生入校报到的交通费及入学后短期生活费。资助对象为中西部地区每年高考考入全日制普通高等院校的家庭经济困难新生。中西部地区包括：河北省、山西省、内蒙古自治区、吉林省、黑龙江省、安徽省、江西省、河南省、湖北省、湖南省、广西壮族自治区、海南省、重庆市、四川省、贵州省、云南省、西藏自治区、陕西省、甘肃省、宁夏回族自治区、青海省、新疆维吾尔自治区、新疆生产建设兵团。资助标准为省（自治区、直辖市）内院校录取新生每人500元，省（自治区、直辖市）外院校录取新生每人1 000元。新生入学资助项目优先资助孤残学生、父母丧失劳动能力学生、少数民族学生、烈士子女、单亲家庭经济困难学生、农村绝对贫困家庭学生、享受城镇居民最低生活保障政策家庭和因突发事件导致家庭经济困难学生、农村计划生育独生子女和双女户家庭学生等。

（二）学校支持

高校要按照国家有关规定，从事业收入中足额提取4%～6%的经费用于资助家庭经济困难学生，用于学费减免、国家助学贷款风险补偿、勤工助学、校内无息借款、奖助学金和特殊困难补助等。2020年高校从事业收入中提取并支出的资助资金为183.62亿元，占普通高等教育资助资金总额的14.76%，成为资助资金的重要补充。

1. 奖助学金

学校设立奖助学金，旨在激励广大学生积极学习，帮助经济困难学生，解决后顾之忧，促进教育公平。如设立综合类奖学金，鼓励广大同学在校期间刻苦学习、努力进取，在德、智、体、美、劳等方面全面发展，成为既能适应社会又能推动社会进步的现代人和创业者；设立单项类奖学金，用于奖励在社会实践、学习成绩、体育运动、艺术活动、新闻文学、英语竞赛等方面获得突出成绩的在读学生，以发挥榜样引领作用，激励广大学生自觉践行社会主义核心价值观，努力成为德才兼备的社会主义建设者和接班人；设立助学金，作为国家助学金的有力补充，以保障家庭经济困难学生在校的学习和生活。

2. 勤工助学

勤工助学是学校学生资助工作的重要组成部分，是提高学生综合素质和资助家庭经济困难学生的有效途径。学生在学有余力的前提下，可以利用课余时间参加高校组织的勤工助学活动，通过劳动取得合法报酬，改善学习和生活条件等。学生参加勤工助学不应当影响学业，原则上每周不超过 8 小时，每月不超过 40 小时。2018 年 8 月，教育部、财政部印发《高等学校勤工助学管理办法（2018 年修订）》，结合社会经济发展和在校学生消费水平，适度提高勤工助学酬金标准，校内固定岗按月计酬，以每月 40 个工时的酬金原则上不低于当地政府或有关部门制定的最低工资标准或居民最低生活保障标准为计酬基准，可适当上下浮动；校内临时岗按小时计酬，每小时酬金可参照学校当地政府或有关部门规定的最低小时标准合理确定，原则上不低于每小时 12 元人民币。

3. "三助"岗位津贴

高等学校要按规定统筹利用教育拨款、科研经费、学费收入、社会捐助等资金，设置研究生"三助"岗位，即助研、助教及助管三个岗位，并提供"三助"津贴。助教主要是承担专业基础课程、公共课程的授课、辅导、答疑等教学工作以及指导实验和临床实习，辅导课程设计、毕业设计，进行考试及考查的阅卷工作等。助研主要是承担项目负责人分配或指定的与本专业相关的各种科学研究、开发和专业设计、调研等工作，包括科学实验，试验数据的整理分析及报告的撰写，文献资料的整理、汇编及翻译等。助管主要是辅助学院或各部门的培养管理工作。原则上，助研津贴主要通过科研项目经费中的劳务费及科研间接费列支，助教津贴和助管津贴所需资金由高等学校承担。研究生"三助"津贴标准由高校依据国家有关规定，结合当地物价水平等因素合理确定。

4. 绿色通道

"绿色通道"是确保普通高校家庭经济困难新生顺利入学的最直接最有效的措施。家庭经济特别困难的新生如暂时筹集不齐学费和住宿费，可在开学报到时，通过高校开设的"绿色通道"先办理入学手续。除此以外，高校通过发放新生大礼包、新生路费、新生助学金等保障学生入校无忧。入学后，高校资助部门根据学生具体情况开展困难认定，采取不同措施给予资助。

5. 困难补助

困难补助是高校从事业经费提取资金，对家庭经济困难学生发生特殊性、突发性困难时给予的临时性补助，以保障学生在校正常的学习和生活。各级各类学校困难补助的具体执行情况差异性大，没有统一标准，常采用学校、学院分层补助的方式。困难补助的评定灵活性高、针对性强，一般视家庭经济困难学生的困难程度、突发情况的严重程度评定。

6. 学费减免

学费减免制度是资助家庭经济困难学生接受高等教育的一项重要措施，主要针对普通高校中部分确因家庭经济特别困难而无法缴纳学费的学生，特别是其中的孤残学生、少数民族学生及烈士子女、优抚家庭子女等，实行减免学费政策。学费减免实施办法由各高校根据本地区省级教育行政部门的有关规定及本校的实际情况制定和调整，具体减免办法、额度根据本省级教育、物价、财政部门制定的有关减免政策制定。

7. 校内无息借款资助

为进一步完善学生资助体系，根据教育部、财政部有关文件精神，为帮助家庭经济困难学生，或因突发事件造成经济特殊困难的学生完成学业，学校设立校内无息借款基金，提供临时性、小额、无息、短期借款，帮助其顺利完成学业。

（三）社会赞助

2020 年，社会团体、企事业单位及个人捐助资助资金（简称"社会资金"）29.01 亿元，占普通高等教育资助资金总额的 2.33%，可见在高校学生资助领域，社会投入的比例偏低，还有明显提升空间。

高校以国家资助体系为基础，努力开拓助学经费来源渠道筹集助学资金，成为国家、学校资助力量的有效补充。通过教育基金会平台，吸引社会各界富有爱心、热衷于社会公益事业的企业或个人设立企业、校友奖助学金用于促进学生德智体美劳全面发展。热衷于社会公益事业的企业或个人也设立一些特色资助项目用于资助家庭经济困难学生，在创新创业、实践发展、就业帮扶、国际交流等方面，全面助力东南大学学生的成长和发展。

三、现行高校学生资助政策执行情况

新时期，学生资助工作紧紧围绕立德树人根本任务，更新理念，拓展功能，创新方式，走出了一条中国特色的学生资助之路。资助政策体系不断完善，在制度上保障了家庭经济困难学生顺利入学并完成学业。资助规模不断扩大，高校学生资助项目从少到多，资助面从窄到宽，实现了"三不愁"：入学前不用愁、入学时不用愁、入学后不用愁。政策宣传不断深入，教育部门和各高校将资助政策宣传作为重点工作来抓，整合力量资源，统筹协同推进，形成全员积极参与、齐抓共管的宣传格局。资助内涵不断丰富，实现了从经济帮扶为主的保障型资助向资助和育人并重的发展型资助转变，提升了家庭经济困难学生的素质和发展能力。精准资助要求不断提高，将精准二字贯穿学生资助工作始终，以人才输送助力国家脱贫攻坚战略部署，有效阻断了贫困代际传递。

（一）资助规模不断扩大

新中国自成立之日起，就确立了为人民办教育的宗旨。七十余载，党和政府始终将公平作为主攻目标，以优化发展促进公平，以惠民政策保障公平，以规范管理维护公平，学生资助是推进教育公平的硬举措，在财政部、教育部等中央有关部门和各级地方政府，以及各级各类学校的共同努力下，我国学生资助政策体系逐步完善，形成了以政府为主导，社会和学校积极参与的覆盖学前教育至研究生教育的学生资助政策体系，实现了"三个全覆盖"，即所有学段全覆盖，公办民办全覆盖，家庭经济困难学生全覆盖。特别是党的十九大以来，在习近平新时代中国特色社会主义思想指引下，我国学生资助政策体系逐步完善，经费投入大幅增加，学生资助规模不断扩大，学生资助工作成效显著，基本实现了"不让一个学生因家庭经济困难而失学"的工作目标。

根据2017年至2020年的《中国学生资助发展报告》公布的数据，党的十九大以来，学生资助经费投入快速增加，由2017年的1 050.74亿元持续增加至2020年1 243.79亿元，增长了18.37%（表2-2）。资助规模不断扩大，4年来累计资助全国普通高等教育学生17 159.39万人次，数以千万计的家庭经济困难学生在资助政策帮助下顺利完成学业。目前，我国高校学生资助资金主要通过5个渠道筹集：中央财政，地方财政，银行，高校，社会团体、企事业单位及个人捐赠。党的十九大以来，高校家庭经济困难学生资助项目的资助资金总额累计4 761.72亿元，其中中央及地方财政资助金额累计2 349.70亿元，占比49.35%；社会团体、企事业单位、个人资助金额累计86.19亿元，占比1.81%；高校事业收入支出资助金额累计991.90亿元，占比20.83%；银行发放助学贷款金额累计1 333.93亿元，占比28.01%。财政支出在高校学生资助中处于主导地位，而且中央财政投入逐年增加，年平均增幅近15%。从中可以看出，党和政府对学生资助工作的高度重视和坚决实现"不让一个学生因家庭经济困难而失学"承诺的决心。

表 2-2　普通高校学生总资助金额及各部分金额情况

单位：亿元

年份	总资助金额	中央财政资金	地方财政资金	银行	高校	社会团体、企事业单位及个人捐助资金
2017	1 050.74	301.23	207.60	284.2	238.21	19.5
2018	1 150.30	325.66	204.65	325.54	278.55	15.9
2019	1 316.89	426.07	231.45	346.07	291.52	21.78
2020	1 243.79	451.48	201.56	378.12	183.62	29.01

数据来源：2017 年至 2020 年《中国学生资助发展报告》。

（二）政策宣传不断深入

高校学生资助政策的贯彻落实离不开资助政策的深入宣传。为扎实推进学生资助工作落实落细，提升学生的获得感和满意度，在各级政府及高校的多方协同、持续努力下，高校不断加大学生资助政策宣传力度，让家庭经济困难学生及家长能听得到、听得懂，以政策宣传之水浇灌学生资助政策之花。2015 年 8 月，教育部、财政部印发《教育部 财政部关于进一步加强学生资助政策宣传工作的通知》，指出当前我国学生资助政策体系内容丰富，亟须做好资助政策宣传工作，提高政策的透明度并广泛接受社会监督。通知提出应从以下五方面促进资助政策宣传：一是完善学生资助信息发布制度；二是突出学生资助宣传工作的重点；三是改进学生资助工作宣传方式；四是健全学生资助宣传工作机制；五是加强学生资助宣传队伍建设[1]。

教育部门和各高校将资助政策宣传作为重点工作来抓，整合力量资源，统筹协同推进，形成全员积极参与、齐抓共管的宣传格局。一是教育部门搭建学生资助管理中心网站，发布资助政策文件、发展报告、报刊文章、领导讲话、政策问答、工作动态、经验交流及信息系统等内容，提供

---

[1] 教育部,财政部.教育部 财政部关于进一步加强学生资助政策宣传工作的通知[EB/OL].[2021-03-01].http://www.xszz.cee.edu.cn/index.php/shows/6/2318.html.

各省各校资助管理部门、助学贷款等金融机构的网站链接，是学生资助政策良好的宣传平台；同时充分利用"中国学生资助"微信公众号，抢占政策宣传新高地，每日发布资助相关政策文件、全国各地各校资助工作动态等内容。二是各省区市学生资助管理中心使用线上线下相结合的宣传方式做好资助宣传，以宣传栏、展板、宣传手册等向政策对象宣传国家学生资助政策，并利用大众媒体、专业网站、微信平台等新型社交媒体宣传学生资助政策。三是各高校通过发放大学生手册、寄送资助政策单页、新媒体推送等手段广泛宣传学生资助政策，大大提高学生对高校家庭经济困难学生资助政策的认知程度。同时，各高校还通过举办资助政策宣讲活动、资助政策知识竞赛等活动，组织学生资助宣传大使赴高中母校宣讲、走乡入户宣传，拍摄微电影、短视频等资助政策宣传片，全方位、立体式、无死角地将资助政策带给受助学生和千家万户。

（三）资助内涵不断丰富

家庭经济困难学生不仅面临着物质方面的贫困，由物质贫困而引发的"精神贫困"也是众多贫困学生所面临的突出问题。相比于物质贫困来说，精神贫困往往对学生造成的影响更大。高校学生资助在长期实践中，不断赋予资助工作以新的内涵和意义，将资助与育人相结合，逐渐形成了资助是手段，育人才是根本的工作理念。2017年被列为全国学生资助规范管理年，教育部印发《高校思想政治工作质量提升工程实施纲要》，正式提出"十大育人体系"和"资助育人"，明确要求将高校资助工作发展为育人工作，文件明确要求把"扶贫"与"扶志""扶智"相结合，建立"四位一体"发展型资助体系，标志着新时期赋予了高校资助工作新的功能和使命。实现人的全面而自由的发展是马克思追求的最高理想和目标，人的发展的最终理想状态应该是自由而全面的发展。诺贝尔经济学奖获得者阿马蒂亚·森提出能力贫困的问题，他认为贫困人口致贫的主要原因是没有自我发展能力，主张解决个人发展问题是解决贫困的焦点，个人的能力得以发展才是目的。

教育是人的全面发展的基石和重要条件。学生资助不仅帮助贫困家庭学生克服经济困难，更要在精神激励、素质提升、能力锻炼等方面探索资助育人新模式，支持学生全面发展。授人以鱼不如授人以渔，由单纯的"输血"到既"输血"又"造血"，是习近平精准扶贫思想的重要内涵。要全面贯彻党的教育方针，落实立德树人根本任务，培养德智体美劳全面发展的社会主义建设者和接班人，既是教育工作的根本任务，也是学生资助的根本任务。因此，高校不断拓展和丰富学生资助内涵，构筑了多维资助育人体系。除了经济资助以外，还在学习辅导、心理帮扶、法律援助、就业指导等方面予以重点帮扶；将活动育人、实践育人、团队育人作为诚信教育、励志教育、感恩教育的有效践行途径，培养学生的诚信、感恩等内在的优秀品质；以学生能力发展为出发点，满足学生的成长需求，助力家庭经济困难学生全面发展，建立道德浸润、能力拓展、精神激励、规范管理等长效机制，既尊重个性承认差别，又真正实现家庭经济困难学生的自助、互助、助人。

（四）精准资助要求不断提高

在过去，各校的资助主体由于缺乏对精准资助系统的深入思考，在一些领域还存在着粗放式的资助思路和"大水漫灌"的资助方式。粗放型资助往往存在对资助对象摸底不清、资助项目无法精准匹配需求等问题。部分地区在制定贫困学生资助政策的过程中，忽视了不同学生的家庭贫困程度差异，采用相同的资助标准，导致贫困等级不同的学生得到了相同标准的资助额度。这种"撒胡椒面"式的资助方式类似于大水漫灌，使得教育扶贫资源没有得到高效和充分的利用，导致一些家庭经济困难程度不大的学生反而享受到了更多的优惠，而对那些特别贫困的学生的资助又没有配置充足，致使其不能得到有效帮扶。

贫困的形成往往由地域、文化、资源、制度等因素决定，这些因素彼此间相互作用、互相影响，呈现出"循环累积"的态势。实施差异化的精准资助，就是要针对不同致贫原因、不同困难类型、不同区域的教育贫困问题，将教育扶贫资源精准滴灌到受助对象的身上。精准施策，实现资助内容与学生个人需求之间的有效匹配与融合，成为实现精准资助的关键。"精准扶贫，精准脱贫"是习近平总书记新时代中国特色社会主义思想的重要组成部分，是我国打赢脱贫攻坚战的根本指针。党的十八大以来，党中央高度重视脱贫攻坚工作，举全党全社会之力扎实推进脱贫攻坚，并取得了重大成就。习近平总书记认为扶贫工作"重在精准""贵在精准"，并明确提出了"六个精准"，即"扶贫对象精准、项目安排精准、资金使用精准、措施到户精准、因村派人精准、脱贫成效精准"，更是聚焦了扶贫工作"扶持谁、谁来扶、怎么扶"的难点问题。在习近平总书记精准扶贫、精准脱贫思想的指导下，提高高校学生资助工作的精准化水平是新时代高校学生资助工作者的首要任务之一。精准资助，就是要做到资助对象精准、资助标准精准、资金发放精准、资助项目精准，将精准资助贯穿于高校学生资助的全过程，通过资助对象的精准识别夯实精准资助的根基，通过资助标准的精准满足家庭经济困难学生受助需求，通过资助资源的精准分配促进资源利用效率的最大化，从资助项目的精准供给实现学生发展需求的全面满足。

高校学生资助工作的体系构建

2007年,《国务院关于建立健全普通本科高校高等职业学校和中等职业学校家庭经济困难学生资助政策体系的意见》(国发〔2007〕13号)发布,学生政策资助体系开始建立和完善,为大学生成长成才提供了有力支持。十余年来,通过政府、高校与社会的共同努力,高校学生资助工作取得了巨大成就。在新时代背景下,家庭经济困难学生不因经济困难而失学的目标已基本实现,力争实现经济困难学生个个有技能、人人有工作,从根本上阻断贫困代际传递,实现了从保障型资助向发展型资助的重大转变。为落实高等教育立德树人根本任务,发展型资助育人成为高校思想政治教育的重要内容与方式,以"社会主义核心价值观"为育人目标,实现了资助与育人的有效结合。新时代中国特色社会主义建设对高等教育提出了更高要求,高校资助育人工作也应当体现出时代发展变化的需求。

习近平总书记在全国高校思政工作会议上指出:要坚持把立德树人作为中心环节,把思想政治工作贯穿教育教学全过程,实现全程育人、全方位育人,努力开创我国高等教育事业发展新局面。"三全育人"即全员育人、全程育人、全方位育人,深化了对我国教育事业的规律性认识,也对资助工作的深化发展提供了新的视角与方法。本章以"三全育人"为方法论,从"主体维度""时间维度""内容维度"构建高校学生资助工作体系,切实以"三全育人"为推进资助育人工作的重要发展战略,着力突破限制高校学生资助工作发展的瓶颈,对我国高校学生资助如何深化发展提供新思路、描绘新蓝图。

第一节 "三全育人"视域下高校学生资助体系内容

党的十九大报告提出,建设教育强国是中华民族伟大复兴的基础工程,必须把教育事业放在优先位置,深化教育改革,加快教育现代化,办好人民满意的教育。要全面贯彻党的教育方针,落实立德树人根本任务,培养德智体美全面发展的社会主义建设者和接班人。这既是教育工作的根本任务,也是资助工作的根本任务。每个时代都有特定的情况和特点,也有特殊的责任与使命,站在新的历史起点上,高校要依据新时代学生资助的特点和要求,对新时代高校学生资助的时代境遇予以深入分析,以全员、全过程、全方位的方法论为指导,更好地肩负起新时代的新任务、新使命。基于此,本节将通过分析新时代学生资助工作的特点,在"三全育人"的方法论指导下,构建"三视域-双螺旋"高校发展型资助育人体系。

一、新时代高校学生资助的特点

立德树人是学生资助工作的根本任务。高校学生资助是在政府主导下,政府、学校与社会共同参与,通过"奖、助、贷、勤、补、免"等方式对家庭经济困难大学生进行物质帮助和教育提升的政策体系,以保障家庭经济困难学生顺利完成学业,改变其与家庭经济窘迫局面,助力稳定脱贫、高质量脱贫。学生资助的价值不仅在于助力脱困,其终极诉求则是促进家庭经济困难学生德智体美劳全面发展,实现助困与育人的有机统一。

学生资助工作是思想政治教育的重要组成部分，关系到培养什么人、怎样培养人、为谁培养人的重大问题。2017年12月教育部发布的《高校思想政治工作质量提升工程实施纲要》规划十大育人体系，"资助育人"是其中至为重要的一环。随着高校学生资助工作的深入开展，资助育人成为资助工作的重要目标，立德树人根本任务更加彰显。《江苏省"十四五"教育发展规划》提出要进一步加大对家庭经济困难学生的支持力度，建立健全发展型资助政策体系。因此，学校要把资助育人摆在突出位置，在大思政格局下，高校应全面分析资助育人的新形势，确立发展型资助育人的基本理念与实现方式。在落实各项资助政策时应充分发掘和利用资助政策的育人资源，应联通各领域、各环节、各方面的资助育人资源，努力形成大资助格局，要坚持落实好立德树人根本任务，在资助育人上出实招、见实效，满足受助学生的多元发展需求，引导受资助学生享有国家发展的共同成果、追求民族复兴的共同理想，培养和强化当代青年应有的使命感与责任感，着力培养家庭经济困难学生创新能力和实践能力，促进学生成长成才。

信息化建设是促进学生资助工作发展的有效手段。《教育信息化2.0行动计划》指出，要利用大数据等新一代信息技术，构建全方位、全过程、全天候的支撑体系，助力教育教学、管理和服务的改革发展[1]。我国教育信息化进入了前所未有的高速发展时期，毋庸置疑，在中国特色社会主义新时代，教育信息化发展已经成为推进教育现代化发展、促进教育公平的重要举措，势必成为新时代高校学生资助工作发展的历史机遇。以大数据、人工智能为代表的新一代信息技术，将为构建高校学生资助的一体化体系，提供全过程、智能化支持，是高校落实"三全育人"任务的重要途径，也是促进学生资助工作发展的有效手段。首先，信息化建设能够为实现精准资助提供技术保障。通过人工智能和大数据技术，实现对贫困学生

---

[1] 教育部.教育部关于印发《教育信息化2.0行动计划》的通知[EB/OL].[2021-02-03].http//www.moe.gov.cn/srcsite/A16/s3342/201804/t20180425_334188.html.

信息的动态收集和互联互通，为认定家庭经济困难学生及确定资助形式、资助内容等工作提供更为客观的量化依据，提高学生资助的精准化、科学化水平。其次，信息化建设可以有效提升高校资助育人效果。即通过信息化建设驱动高校资助育人协同治理，实现育人活动的精准开展、实时评价与优化提升，打通资助育人相关部门的业务系统，消解资助育人的信息孤岛、数据孤岛。最后，重点打造励志、感恩、诚信等一系列教育场景，对学生的教育多场景数据进行智能感知、采集、汇聚、挖掘和使用，开展多场景教育数据驱动的精准资助育人活动。

协同思维是发挥育人合力的重要理念。《中国教育现代化2035》提出要推进"三全育人"综合改革，将思想政治工作体系贯穿于学科体系、教学体系、教材体系、管理体系中，深入构建一体化育人体系[①]。这说明，高校开展的思想政治教育工作应该是全方位、多层次的，需要高校协同化、体系化开展。资助育人也是思想政治教育的重要组成部分，也要用好高校的相关教育实践资源统筹推进、协同发展。高校是国家学生资助体系的实施者和组织者，是资助活动的主体。学生资助资金来源涉及高校、政府、社会企业、银行等多机构，内容也涉及"奖、助、贷、勤、减、免、补"多元资助政策体系，工作烦琐复杂，难度大。因此，资助活动的主体不只局限于高校资助工作部门，学校领导、职能部门、学院、党政干部、任课教师、辅导员、学生骨干等育人角色共同组成了资助主体。高校必须树立协同思维，统筹好各方资助力量，形成"大资助""大思政"的主体格局。要明确资助者的主体责任，能动地关注资助工作内在的、深层次的、育人意义的需求，以提供资助资金的方式对家庭经济困难学生予以物质帮扶，帮助学生克服经济上的困难，激励学生刻苦学习，实现全面发展，促进资助真正发挥出育人的能效。

---

① 新华社.中共中央 国务院印发《中国教育现代化2035》[N].人民日报,2019-02-24(001).

二、"三全育人"对高校学生资助工作的指导作用

2018年5月,教育部办公厅发布的《教育部关于开展"三全育人"综合改革试点工作的通知》要求,各地要分类开展"三全育人"综合改革试点工作,着力构建一体化育人体系。"三全育人"教育改革坚持把立德树人融入思想道德教育、文化知识教育、社会实践教育各环节,进一步健全立德树人落实机制,深化育人环节的重点领域改革,以全面、科学的育人方式扭转以往片面、僵硬的惯性思路,提升高校的育人水平,培养德智体美劳全面发展的学生,形成更高水平的人才培养体系。

"三全育人"体现了高等教育立德树人的内在要求,顺应了人才培养的发展趋势,契合了高校思想政治工作的发展规律,是党和国家推进新时代高校思想政治工作的战略性方针。立德树人是高校的根本任务,更是资助育人的根本任务。在"三全育人"思想内核的指导下,2017年12月,中共教育部党组制定印发了《高校思想政治工作质量提升工程实施纲要》(教党〔2017〕62号),该纲要提出基本任务是充分发挥课程、科研、实践、文化、网络、心理、管理、服务、资助、组织等方面工作的育人功能,挖掘育人要素,完善育人机制,优化评价激励机制,强化实施保障,切实构建"十大"育人体系。教育部在这一历史转折的关键节点,将资助育人纳入高校思政工作十大育人工作体系之中,充分体现出资助具有育人的功能和属性,同样应该贯彻"三全育人"的育人理念和育人方式。

育人的全员性。全员育人是遵循学生成长规律,发挥一切可以发挥的积极性,调动一切可调动的力量,使其参与到思政教育中来,形成全员参与、责任明确、分工协作的育人体系。全员都应将立德树人作为育人工作的根本任务,强化育人意识和责任担当,自觉在本职工作中对学生实施直接或间接的思想教育,实现价值引领。高校"三全育人"综合改革的主要任务之一就是构建全员协同参与的责任体系,充分发挥学校各群体的育人

作用，主动挖掘各工作岗位的育人元素。作为"三全育人"综合改革重要内容之一的资助育人，其责任主体自然也呈现出全员性的特点。在高校资助活动中，包含着主体与客体，即实施资助的资助者与接受资助的被资助者，主体与客体之间通过资助活动开展互动交往。通过对主客体之间关系的研究，构建能激发育人效果的交往方式，帮助资助实施者正确认识资助活动的育人价值，并能动地将育人的价值赋予资助活动中，这对于促进全员协同育人尤为关键。

育人的全过程性。全过程育人是根据大学生成长的特征与规律，在不同成长阶段，设计符合学生特点和需求的思政教育工作重点和措施，贯穿到学生成长成才的各个环节，推动高校思政教育工作从短期教育转向长期育人，使学校各类育人资源匹配学生不同成长阶段的需要，延长思政工作的持续时间，促进学生健康可持续发展。学生资助同样作用于学生从入校到毕业的整个过程，影响周期长，因此，育人的全过程性也同样适用于资助育人。高校可以通过摸排资助全周期育人关键点，建立全过程育人纵线：既包含对每项资助活动的全过程周期进行研究，挖掘每个资助活动周期内不同关键时间点所能发挥的育人价值；也包含对受助者在接受资助前、接受资助中、接受资助后的育人成才实施效果进行比较分析，对育人成效进行追踪和反馈，形成"解困—育人—成才—回馈"的良性循环。

育人的全方位性。思想政治工作是一项复杂的系统工程，将思想政治教育融入高校教学的全过程，同时也是育人全方位的一种表述和要求。高校的育人理念应以学生的全面发展、全方位发展为出发点。育人全方位性强调将高校思想政治教育工作延展至德智体美劳的全面均衡发展，要结合校内校外、课内课外、线上线下三大平台，促进思政教育由原来的平面教育转变为立体教育，拓展育人工作在空间维度上的全方位覆盖。我国高校学生资助政策体系是以"奖、助、贷、勤、补、免"为主要形式的复合型资助体系，覆盖学生学习生活的全方位，具有全方位的特点。因此，高校应以育人的全方位理念研究和拓展资助的内容与内涵，优化资助项目与资助模式,实现全方位精准育人。高校学生资助以资助项目为载体,针对不同的个体或不同的群体,呈现多元资助的特征,学生的性格、心理、家庭经济状况等情况有所不同,他们愿意接受的和发挥育人功能的资助方式也有所不同。因此,要深入挖掘学生成长发展需求,优化资助项目与资助形式,由自上而下的"供给导向"向自下而上的"需求导向"转变,实现资助供给与资助需求的准确匹配。

三、"三视域-双螺旋"高校发展型资助育人体系

在全面脱贫后的时代背景下,在"三全育人"的方法指导下,构建"三视域-双螺旋"高校发展型资助育人体系,是构建思想政治工作体系的战略布局,是"全员、全过程、全方位育人"的生动实践,既体现了高等教育立德树人的内在要求,也顺应了新时代人才培养的发展趋势。该体系旨在对贫困学生提供物质支持的基础上,通过深入细致的服务和关怀,给予更多发展型的素质支持和价值引领,从多维度开展资助育人工作,为新时代高校学生资助工作的创新实践发展提供可行性和科学性依据,开创新时代高校学生资助工作新局面。"三视域-双螺旋"高校发展型资助育人体系由"主体域""内容域""时间域"的三视域和"经济维度""发展维度"的双螺旋建构而成(图3-1)。

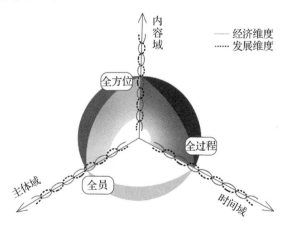

图3-1 "三视域-双螺旋"高校发展型资助育人体系

双螺旋轴线由经济维度和发展维度构成。家庭经济困难学生因成长环境和教育资源所限，他们往往缺少锻炼能力和拓宽视野的机会，缺乏人文和艺术等方面的熏陶，在实现全面发展的道路上充满阻碍与困难。家庭经济困难学生更加渴望通过接受高等教育获得更多发展机会，追求未来美好生活，从而彻底改变自身及其家庭的命运，这也对学生资助工作提出了更高要求。学生资助作为助困和育人的统一体，不仅要通过经济助困帮助贫困家庭学生减轻家庭经济压力，让每个学生"享有公平而有质量的教育"，更要在推进资助育人工作中，遵循马克思主义的人的全面发展理论，以"人的全面发展"为价值追求，针对家庭经济困难学生的特点和需求，为他们的精神培育、素质提升、能力锻炼搭建平台，实现学生的德、智、体、美、劳全面发展，让每一个学生成长成才。

三视域坐标轴由"主体域""时间域""内容域"构成。"主体域"主要指资助主体的全员性。资助过程的实施者即资助的主体是资助育人的关键性要素，也是最具能动性的育人要素，职能部门、学院、党政干部、任课教师、辅导员、学生骨干等育人角色都是资助主体。应将各类主体充分调动起来，形成育人合力，加强资助部门与各部门的协同联动，研究建立一体化资助管理机制，构建一体化资助格局，加强资助育人的有效性和针对性。"时间域"主要指资助时间的全过程性。全过程从时间上来看包括从入学到毕业，是最具可塑性的，从"入学前、入学时、入学后"的不同阶段观测学生成长发展全过程，研究并发现相对困难学生可能产生困难的关键节点，通过探索多元化的资助内容与多样化的资助形式，准确匹配相对困难学生不同发展阶段，更好地助力家庭经济困难学生成长为德智体美劳全面发展的社会主义建设者和接班人。"内容域"主要指资助内容的全方位性。全方位从内容上来说包括对学生开展教育、管理、帮扶等各个环节，强调育人成效的全面性，既包括第一课堂、第二课堂、网络空间等立体育人场域，也包括德育、智育、体育、美育、劳育的全面育人内涵。同时，家庭经济困难学生自身的成长发展需求是随时代发展不断变化的。针对其特点，研究其成长发展的深层次需求，探索何种资助内容和形式能精准匹配学生发展需求，重点解决学生成长发展需要与发展不平衡不充分之间的矛盾。

"三视域-双螺旋"高校发展型资助育人体系坚持秉承"全员、全过程、全方位"的协同资助育人理念，从整体层面对资助育人工作进行设计，将全员、全过程、全方位育人理念贯穿于资助工作的全过程。该体系要求高校一定要运用协同思维，加强顶层设计、整体推进，积极调动多方力量、整合教育资源、拓展育人载体，形成齐抓共管、协同共生的育人格局，使资助工作真正成为高校立德树人的重要抓手。同时，面对高校学生资助工作对象的复杂性和需求的多样性，要在育人质量提升上下功夫，完善"物质资助与精神资助相契合"的资助育人体系，不仅要关注他们的物质需求，在经济上进行帮扶，解决他们的经济困难，更要关注他们的精神需要，在思想上予以引导，在发展上予以支持，使他们每个人都能成长成才，都具有人生出彩的机会。

第二节　高校学生资助工作的全员"主体维度"

学生资助工作内容涉及"奖、助、贷、勤、减、免、补"的资助体系，参与主体涉及政府、学校、企业、银行等多个组织机构，工作主体复杂、内容多元是其显著特点。因此，只有建立全员主体格局，统筹好一切资助主体力量，明确资助者的主体责任，才能从"资助助人"走向"资助育人"。这就要求高校资助工作者不仅注重以提供资助资金的方式对家庭经济困难学生予以物质帮扶，帮助学生克服经济上的困难，更要关注资助工作内在的深层次意义，将人才培养作为资助工作的根本出发点和落脚点，提升贫困学生的培养质量，促进资助真正发挥出育人的能效。

一、高校学生资助工作全员"主体维度"的主要内容

（一）建立全员资助主体格局

学生资助工作首先是一项讲政治的工作，具有鲜明的政治特性，有利于增强贫困家庭对党和国家的认同感，具有良好的政治导向作用。学生资助以实现"不让一个学生因家庭经济困难而失学"为总目标，落实好精准资助是党在实现教育公平中赋予高校的神圣使命，是社会主义本质的要求。精准资助以学生需求为导向，着眼学生长远发展，并有效保障资助公平，从而推动教育公平和社会公平的实现，有利于增强学生对党和国家的政策的认同感，有利于资助工作的和谐健康发展，具有良好的政治导向作用[1]。

---

[1] 白华.育助:高校贫困生资助范式的路径选择[J].国家教育行政学院学报,2013(4):15-19.

资助者是指国家、社会、学校或个人等提供资金的一方，受资助者是指接受资助的学生。高校作为具体实施者，具体组织和开展各类资助活动，即为资助的主体。学校领导、职能部门、学院、党政干部、任课教师、辅导员、学生骨干等育人角色都是资助主体。高校要充分认识到学生资助的重大作用与意义，提高政治站位，树立全员主体意识，充分发挥主观能动性。学生资助工作烦琐复杂，难度大，涉及高校、政府、社会企业、银行等多个组织机构主体，内容涉及"奖、助、贷、勤、减、免、补"的多元资助体系。思路决定出路，高校须创新工作理念，统筹好各方资助力量，尤其是充分发挥社会力量在学生资助中的重要作用，发展"大资助"全员主体格局。

（二）明确全员资助主体责任

国家、地方、社会、学校都是资助者，以提供资助资金的方式对家庭经济困难学生予以物质帮扶，帮助学生克服经济上的困难，激励学生刻苦学习。高校是资助者与受资助者之间的中介纽带，是资助活动的实际执行者，在人员方面包含学校领导、职能部门、学院、党政干部、任课教师、辅导员、学生骨干等。只有明确资助者的主体责任，才能能动地关注资助工作内在的、深层次、有育人意义的需求，促进资助真正发挥出育人的效能。（图3-2）

图 3-2 全员资助主体构成

学校党政领导。学生资助工作是一项政治任务、德政工程，要做好学生资助工作，保障教育公平，提升教育质量，离不开学校党政领导的高度重视和有力领导。成立学生资助工作领导小组，由分管学生工作的党委副书记任组长，分管教学工作及研究生工作的副校长任副组长，工作领导小组根据上级有关文件精神，研究建立符合学校实际的学生资助体系，制定相关管理规定和实施办法；审定学生资助名单和家庭经济困难学生认定结果；规范资金管理，足额划拨学生资助经费，并监督使用，提高资助资金使用效益；探索资助育人工作的新思路新模式，构建物质帮助、道德浸润、能力拓展、精神激励有效融合的资助育人长效机制；研究学生资助过程中出现的新情况、新问题并制定解决的办法和措施。

职能部门。当前，精准资助和资助育人是高校学生资助工作的重点任务。落实精准资助是实现教育公平和社会公平的基本保障，资助育人是落实立德树人根本任务的必然要求。资助育人工作涵盖物质帮扶、道德浸润、能力培养、精神激励，内容更涉及学校多个职能部门，应由学生资助管理中心统筹，党委学工部、学生处、党委研工部、研究生院、共青团委员会、教务处、财务处、总务处等部门协同合作，构建资助育人合力，各职能部门都应将学生资助工作纳入本部门重点工作行列，主动担当作为，通力合作培养德智体美劳全面发展的社会主义建设者和接班人。

学院。学院是落实资助工作的基层单位，根本上决定各类各项资助政策能否落实落细。学院应坚持"困难分级认定、资金统筹安排、学生分类资助、动态跟踪管理"原则，统筹好各项"奖、助、贷、勤、补、免"等资助工作，根据学生的不同困难级别，科学执行学校相应级别的资助方案。在资助过程中，坚持"保障型资助"与"发展型资助"相结合，做好学院资助工作整体的统筹。

党政干部。学院应成立资助管理工作组，组长由学院院长和学院党委书记担任，副组长由分管学生工作的副书记和分管本科、研究生教学工作的副院长担任，成员应含辅导员、专任教师等。监督资助的"三公"性。在资助工作中要做到公平、公正、公开。对家庭经济困难学生认定审核要实事求是、公开公示、逐级认定；在资助项目申报过程中，要实行公开申报、审核公示，确保资助工作的透明性。

任课教师。梳理通识课程以及专业课程的"思政元素"，将知识教育和思政教育有机结合。开展多种形式的"课程思政"教育教学改革专题培训，使教师养成在课程教学中加强思想政治教育的自觉意识。设立"课程育人"研究专项，培育选树一批校内"学科育人示范课程"。不断优化思想政治理论课教师队伍结构，形成一支专职为主、专兼结合、数量充足、素质优良的师资队伍。选派优秀骨干教师担任学生德育导师，在学习、生活、品德和心理方面为学生提供全方位、个性化的指导和帮扶。

辅导员。坚持公开、公平、公正的原则，开展家庭经济困难学生认定工作，落实奖学金、助学金、困难补助、勤工助学、学费减免、国家助学贷款、基层就业学费补偿贷款代偿、应征入伍服义务兵役学费补偿贷款代偿、退役士兵教育资助等资助政策。严格执行国家、学校的有关资助政策，严格执行评审流程，杜绝弄虚作假，保证资助工作精准有序开展。开展资助宣传和资助教育。资助活动要坚持资助与育人相结合，解决实际问题与解决思想问题相结合，做到物质上帮助学生，精神上培育学生，能力上锻炼学生，加强受助学生的励志教育、感恩教育、诚信教育，促进家庭经济困难学生的全面发展。

学生骨干。摸排班级学生家庭经济情况，关心家庭经济困难学生在学习和生活方面的实际困难，积极向学院反馈。学生骨干负责对申请学生开展民主评议工作，组建班级民主评议小组，初步提出本班各等级家庭经济困难学生名单，报学院资助管理工作组审核。向班级同学宣传和解读国家和学校的各项资助政策，确保每位家庭经济困难学生都能了解资助政策。为困难学生提供就业指导、心理帮扶、学业指导等多元化帮扶。

（三）协同全员资助主体效力

学生资助工作不仅要重视对家庭经济困难学生物质需要的满足，确保没有一个学生因家庭经济困难而失学，还要对其进行思想引领、学业辅导、心理调适和能力培养，具有主体多元、项目多元、内容多元等特征，因此，整体性和协同性思维非常重要，各主体间必须加强配合与协作。

高校作为国家、社会、地方等各方资助力量与受助学生的纽带，首先在校内应联通各领域、各环节、各方面的资助育人资源，融通全校育人力量，共同推进资助育人工作精确调配。在人员方面，更要把学校各职能部门、各学院、党政干部、任课教师、辅导员等充分调动起来，营造良好的资助育人氛围，明确各方育人责任。其次，学校还要提高社会力量参与学生资助的积极性，畅通社会组织捐赠通道，充分发挥社会力量在学生资助中的重要作用。通过开展企业岗位体验活动、企业参观活动、生涯发展指导等，将社会资源以多维度方式转换为学生的人力资本，不断强化社会力量在资助育人中的效力。最后，高校要发挥学校各人员群体的育人作用，挖掘各工作岗位的育人元素，构建全员协同参与的责任体系，发挥出全员资助主体的力量。

二、高校学生资助工作全员"主体维度"的重要意义

（一）激发资助育人活力的载体要素

人是物质存在与精神存在的结合体。学生资助可以满足受资助者的现实物质需要，正因为满足了基础的物质需要，才能在潜移默化中影响学生的精神世界，才能体现人的精神关怀，资助育人的价值才得以彰显。学生资助能超越灌输式教育方法，是能育人育心的德育方式，通过提高思想道德水平和优化人生来促进学生全面发展。每一项资助活动的开展都离不开"人"，这里的"人"就是全员资助主体中每一位广义上的资助工作者。只有当全员资助主体中的每个人通过平等的沟通和交流，情真意切地接触与关怀受资助者，才能让受资助者感受到资助的人文关怀，才能真正激发资助育人的活力。因此，作为资助育人的实践者，高校资助工作者要形成以人为本的理念，强化育人意识，充分挖掘学生资助活动中的人文关怀价值，并且将这种价值和促进个人发展和社会发展结合起来，提高高校资助育人的实效。

（二）落实精准资助要求的重要根基

党的十八大以来，党中央高度重视脱贫攻坚工作，举全党全社会之力扎实推进脱贫攻坚，并取得了重大成就。习近平总书记认为扶贫工作"重在精

准""贵在精准",并明确提出了"六个精准",即"扶贫对象精准、项目安排精准、资金使用精准、措施到户精准、因村派人精准、脱贫成效精准",这对高校如何开展好资助工作同样具有深刻指导意义。作为精准扶贫的重要内容,高校学生资助工作本身也要贯彻落实好精准的根本要求。要落实精准资助要求,不是仅仅局限于资助的某一环节,而是要贯穿学生资助的全过程,具体从困难学生的认定,到接受资助,再到资助成效的体现,都应体现精准资助的要求。要落实精准资助要求,归根结底还是需要资助主体树立起全员参与、全员投入的意识,发挥主体的积极性和能动性,科学识别出需要资助的家庭经济困难学生,做到"应助尽助""按需资助",做到资助资源的分配精准,精准匹配学生的成长发展需要,协同提升资助工作精准度。

(三)传递资助育人价值的中介纽带

国家、地方、社会、学校都是资助者,以提供资助资金的方式对家庭经济困难学生予以物质帮扶,帮助学生克服经济上的困难,激励学生刻苦学习。国家层面资金主要设立了国家奖学金、国家励志奖学金、国家助学金、基层就业学费补偿贷款代偿、服兵役高等学校学生国家教育资助等;地方层面资金主要以生源地信用助学贷款为主,辅以地方奖助学金、学费补助等;高校层面资金主要设立了学校奖学金、学校助学金、勤工助学、困难补助、学费减免等;社会层面资金主要设立了企业、爱心人士的奖助学金。高校是资助者与受资助者的中介,一端连接资助者,一端连接受资助者,以纽带的形式传递着资助育人的价值。学生是资助工作的出发点和归宿,学生的自由全面发展是学生资助工作的价值追求。在资助体系的运行中,资助者通过学校,向受资助者传递的不只是物质上的财富,更重要的是,还向学生传递一种生命价值,一种期望学生能通过自身的努力奋斗,优化自己人生的价值期望,希望其能拥有更美好的未来。这种资助育人的价值正是通过学校这一中介,传递给每位受资助者。学校在组织资助活动中,又是通过每个资助育人的实施者和实践者,传递着精神激励的宝贵价值,发挥着的无可取代的中介纽带作用。

三、高校学生资助工作全员"主体维度"的实践探索

(一)顶层设计加强工作统筹

"发展理念是发展行动的先导,是管全局、管根本、管方向、管长远的东西,是发展思路、发展方向、发展着力点的集中体现。发展理念搞对了,目标任务就好定了,政策举措也就跟着好定了。"①正确的资助工作理念是提升新时代高校学生资助工作的科学化水平、规范化水平的保障。这就需要学校进行科学有效的顶层设计,全面集成各领域、各环节、各方面的育人资源和力量,推动学生资助与思想引领、知识传授、能力培养有机结合,使学生资助工作贯通学科、教学、教材、管理等体系,把思政工作优势和潜力有效转化为资助育人能力。

坚持育人为本,统筹集成。学校在顶层设计层面,应加强资助工作的统筹、决策咨询和评估督导。建立资助部门协作常态机制和项目负责人制度,形成党委统一领导、党政齐抓共管、职能部门组织协调、社会各方积极参与的工作格局。遵循人才培养规律和思想政治工作规律,联通、融通、贯通学校各环节、各方面的育人机制,通过项目落实资助育人主体责任。系统梳理归纳各个群体、各个岗位的育人要素,并作为职责要求和考核内容融入制度设计和具体实施环节中,抓好任务分解落实,明确责任、细化任务,建立完善协调推进和督查机制,推动各项工作真正落实落地。强化考核监督,坚持定性分析和定量分析相结合、工作评价和效果评价相结合,制定资助工作考核实施办法。

(二)建立基层单位监督机制

建立基层学院监督机制,成立各学院学生资助管理小组,负责本学院学生的资助管理工作。学院资助管理小组组长由学院院长和学院党委书记

---

① 习近平.关于《中共中央关于制定国民经济和社会发展第十三个五年规划的建议》的说明[N].人民网,2015-11-04.

担任，副组长由分管学生工作的副书记和分管本科、研究生教学工作的副院长担任，成员应含学办主任、辅导员、教学秘书、教务助理、班主任、导师代表等。对于学生资助管理工作，学院资助管理小组应明确责任与分工，同时密切配合，确保工作顺利进行。学院资助管理小组应严格执行国家、学校的有关资助政策，严格评审流程，坚持公开、公平、公正的原则，杜绝弄虚作假，保证资助工作精准有序开展。

统筹学院的资助工作。资助工作应坚持"困难分级认定、资金统筹安排、学生分类资助、动态跟踪管理"原则，根据学生的不同困难级别，科学执行学校相应级别的资助方案。在资助过程中，坚持"保障型资助"与"发展型资助"相结合，做好学院整体的资助统筹。

监督资助的"三公"性。在资助工作中要做到公平、公正、公开。对家庭经济困难学生认定审核要实事求是、公开公示、逐级认定；在资助项目的申报过程中，要实行公开申报、审核公示，确保资助工作的透明性。

家庭经济困难学生认定。学院成立学院认定工作组，负责具体组织和审核本院家庭经济困难学生的认定工作。学院认定工作组由学院分管学生工作的党委副书记牵头，学办主任及各年级辅导员、学生会负责人员等组成；班级认定评议小组由班主任、班级班委会牵头，班级班委推选的 2 至 3 名同学组成。

保障资助的覆盖面和精准度。以"不让一个学生因家庭经济困难而失学"为总体目标，以"实现家庭经济困难学生资助全覆盖"为总体要求，根据家庭经济困难学生认定类型设定精准资助目标，通过各类资助政策的落实确保实现资助目标：建立起国家奖学金、国家励志奖学金、国家助学金、国家助学贷款、退役士兵教育资助、基层就业学费补偿贷款代偿、服义务兵役国家资助、学校奖助学金、勤工助学、困难补助、学费减免、新生入学资助项目等多种形式有机结合的家庭经济困难学生资助政策体系，为家庭经济困难学生完成学业、实现人生梦想提供保障。

开展资助宣传和资助教育。资助活动要坚持资助与育人相结合，解决实际问题与解决思想问题相结合，做到物质上帮助学生，精神上培育学生，能力上锻炼学生，加强受助学生的励志教育、感恩教育、诚信教育，促进家庭经济困难学生的全面发展。

（三）协同搭建资助育人平台

由学生资助管理中心统筹，党委学工部、学生处、党委研工部、研究生院、共青团委员会、教务处、财务处、总务处等部门协同合作，整合育人资源与力量，形成育人合力，共同完善资助育人平台建设。探索建立以"奖学金、助学金、助学贷款、勤工俭学、困难补助、学费减免"等为主体，其他各种多样化资助措施为补充的集成化信息平台，真正实现以学生为本，融入互动、开放、共享、即时性等特点，使集成化信息平台成为学生获取资助信息、励志成长的主要渠道；探索搭建赋能平台，对标学生成长需求因材施教，以素质提升、社会实践、创新创业为平台重点建设内容，支持学生全面发展。

社会志愿实践平台。组织以相应奖学金获得者为主要成员的志愿服务类社团建设，开展创新创业、感恩志愿等活动，丰富同学们校园学习和文化生活的同时也实现学生自我价值。组建以国家奖学金获得者、资助专员等受资助学生为主体的资助宣传大使队伍，通过回访高中母校和进村入户两种模式宣传讲解国家资助政策。

自立勤工平台。坚持"立足校园、服务社会"的宗旨，搭建勤工助学网络平台，设立与学生专业、专长相适应的勤工助学岗位，建立勤工助学星级员工考评体系，实施分级薪资，推动勤工助学工作良性发展。

能力提升平台。遵循高等教育特点和学生成长成才规律，为学生搭建能力提升平台，开发线上线下结合的课程资源，有针对性地提高他们的综合素养，增长才干，让每个家庭经济困难学生都能成为有用之才。

国际视野平台。为家庭经济困难学生搭建国家交流平台，拓宽学生国际视野，帮助学生走上国际舞台。设立国际会议及学术交流活动专项资助，推进优秀学生创新型人才国际合作培养项目的建设。

创新创业平台。依托学校国家大学科技园和地方政府，打造大学生创新创业实践基地，设立家庭经济困难学生创新创业专属基金，给予创业资金扶持。为家庭经济困难学生创新创业赋能，激发学生的创新创业热情，培养学生的创新创业能力，发现并培养创业人才，遴选优秀创业项目。

第三节　高校学生资助工作的全过程"时间维度"

"精准扶贫、精准脱贫"思想是习近平新时代中国特色社会主义思想的重要组成部分,是打赢脱贫攻坚战的根本指针,也是学生资助工作的行动指南。如今,我国已经实现脱贫攻坚目标,但是"精准扶贫"思想依然是学生资助工作的重要指导思想。要实现精准资助,不能仅仅聚焦某项资助活动与项目,而是要将精准的要求贯穿到资助的全过程,更要根据家庭经济困难学生成长的特征与规律,在不同成长阶段,设计符合学生特点和需求的资助工作重点和措施,建立全过程精准资助纵线,贯穿到学生成长成才的各个环节,促进学生资助工作高质量发展。

一、高校学生资助工作全过程"时间维度"的主要内容

高校应以精准为根本要求,通过摸排资助全周期育人关键点,建立全过程精准资助纵线。既包含对每项资助活动的全过程周期进行研究,挖掘每个资助活动周期内不同关键时间点所能发挥的育人价值,也包含对受助者在接受资助前、接受资助中、接受资助后的育人成才实施效果进行比较分析,对资助成效进行追踪和反馈,形成"解困—育人—成才—回馈"的良性循环。

(一)对象精准识别

对资助对象的识别与认定,是实现精准资助的前提和基础。精准认定

家庭经济困难学生的困难之处就在于如何精准定级、如何确保真实、如何动态管理三个方面。

精准定级。要实现对家庭经济困难学生的精准定级，既要建立科学的量化指标体系，进行定量评价，也要通过定性修正量化结果，更加准确、全面地了解学生的实际困难情况[①]。高校可以根据各地区经济发展水平、居民最低生活保障标准、物价水平、学校收费水平、学生家庭经济状况等因素，科学制定符合本校学生特点的科学认定指标体系。同时，建立家庭经济困难学生认定系统来完成学生家庭经济信息的采集。在完成信息采集后，系统即可得到计算所需量化指标，并准确计算得出学生家庭经济困难系数，系统根据经济困难系数所属范围确定困难学生的等级，实现精准定级。

确保真实。采集学生家庭经济数据，主要包括家庭收入、财产、债务等情况；学生是否属于建档立卡家庭学生、最低生活保障家庭学生、特困供养学生、孤残学生、烈士子女、家庭经济困难残疾学生及残疾人子女等情况；校园地和生源地经济发展水平、城乡居民最低生活保障标准、学校收费标准等；遭受的重大自然灾害、重大突发意外事件等。采集到的数据须通过实地家访、个别访谈、大数据分析、信函索证、民主评议等方式提升真实性。如发现存在故意提供虚假数据或证明等情况，及时开展批评教育，严重者可以取消其受助资格。

动态管理。在资助工作实际开展中发现，学生家庭经济情况并不是一成不变的，因此困难的等级认定也是不断动态调整的，要通过动态化的家庭经济困难学生认定系统确保资助精准度。对困难生档案进行动态管理，对往年已认定的学生，在校期间也要每年进行复核，如学生家庭经济情况有变，应要求重新提交证明材料并重新完成认定程序；经走访和调查，发现存在虚假证明材料、夸大家庭经济困难程度等问题，及时开展思想教

---

① 参见教育部等六部门关于做好家庭经济困难学生认定工作的指导意见[EB/OL].[2018-10-30].http://www.moe.gov.cn/srcsite/A05/s7505/201811/t20181106_353764.html.

育,并更新贫困生数据库;对突发致贫的学生随时开启认定流程,根据家庭经济变化情况及时进行调整,确保资助工作的及时和长效。

(二)政策精准实施

我国从2007年起,逐渐探索形成了"奖、助、贷、勤、补、免"的多元混合资助体系,从制度上真正实现了"不让一个学生因家庭经济困难而失学"的承诺。如何根据家庭经济困难学生的个性化和差异化需求,精准实施好每项资助政策,决定了资助落实的成败。

精准建立资助标准。有些高校在制定高校学生资助标准中,忽视了不同学生的家庭贫困程度差异和需求,采用相同的资助标准,使得贫困程度不同的学生却享受了同等资助。这种平均式资助方式使得贫困程度较低或那些已经完全脱贫的学生享受到了更多的优惠,造成资源的浪费,而对那些特别贫困的学生又没有进行充分的资助,致使其不能得到有效帮扶,这在一定程度上制约着高校学生资助对扶贫工作的效果[①]。高校应通过大数据系统追踪家庭经济困难学生消费水平,结合本地最低保障标准,建立不同困难等级学生的资助标准,以资助标准为目标,实现按需满足资助,增强资助效能。

建立学生资助档案。为学生建立电子"资助档案",汇集国家、地方、学校、学院等各层级的"奖、助、贷、勤、补、免"资助信息,直观显示学生的资助目标、已获资助、应予资助,并实时动态更新,确保每一笔资助信息都被准确掌握。学校和学院在评定奖助学金等各项资助时,通过"资助档案"查看家庭经济困难学生受资助情况,并以此为据精确地审核其他资助项目,排列出最优资助组合方案,打好资助组合拳。高校应将大水漫灌改为精准滴灌,可结合学生的资助标准,根据学生的实际情况,制定个性化资助方案,实现资助力度精准。

---

① 李小云,唐丽霞,许汉泽.论我国的扶贫治理:基于扶贫资源瞄准和传递的分析[J].吉林大学社会科学学报,2015,55(4):90-98,250-251.

（三）资源精准分配

2007年国家建立健全家庭经济困难学生资助政策体系以来，资助政策不断完善，财政投入力度不断加大，资助资金持续保持快速增长，在2018年学生资助资金更是首次突破了2 000亿元。在国家不断增加资金投入的同时，学校也会在事业收入中按比例相应列支学生资助费用，加之社会捐资助学的通道也逐步成熟规范。因此，高校如何统筹使用好国家、学校、社会的资助资金是一个不小的挑战。

在统筹国家、学校、社会的投入资金时，可建立校院两级统筹执行的资助管理机制。在国家拨付的奖助学金基础上，设立校级奖助勤补专项经费，并通过学校教育基金会开拓学生资助经费来源。学校在分配各项资助项目、资金、名额时，不是简单地划比例、"一刀切"，而是通过"奖助有别、两级分配"科学地对各项资助进行分配。学校首先结合学科专业特点和学生情况分配总额，学院再根据学生家庭经济困难具体情况、学生表现以及当学年已获资助，进行二次统筹分配，以确保资助资金的统筹使用精准。建立资助业务集成模块，从学生入学到毕业的所有资助过程和环节，都为学生实现一站式办理，打通服务学生"最后一公里"，以系统化的举措实现资助分配的精准。

（四）项目精准供给

不同困难类型的家庭经济困难学生在不同的时间节点会面临不同的实际困难和资助需求。资助需求既包括物质需求也包括精神需求。学生精准资助就是要从需求端出发，只有精准供给资助项目，方能实现精准资助。因此，高校要从解决学生实际困难入手，设立"多节点、多对象、多帮扶"的特色资助项目，精准满足学生需求，把学生资助工作做得更有温度。

多节点资助。从"入学前、入学时、入学后"的不同阶段观测学生成长发展全过程，研究并发现相对困难学生可能产生困难的关键节点，通过探索多元化的资助内容与多样化的资助形式，在不同发展阶段准确匹配相对困难学生，更好地助力家庭经济困难学生成长为德智体美劳全面发展的社会主义建设者和接班人。重点聚焦新生入学、寒冬时节、返乡过年、毕业求职等关键时间节点，在每年新生入学之际开通绿色通道，并设立新生助学金，助力新生入学无忧。每年冬季给家庭经济困难学生送去冬日温暖寒衣，发放羽绒服、运动鞋、保暖内衣、毛毯、围巾、手套等生活物品，送去冬日里的温暖与关爱。春节开展慰问留校学生活动，安排留校学生集中住宿，为家庭经济困难学生免除水电住宿等费用，不给家庭经济困难学生增加生活负担。在寒暑假开展返乡路费补助活动，根据学生家庭经济困难类型、家乡距离、受资助情况等精准发放返乡路费补助。对毕业学生发放就业补贴，旨在帮助家庭经济困难毕业生解决从学校到就业单位的路费困难，让学生感受学校有温度的资助和关怀。开展突发困难补助，学生如遇临时困难，可以申请临时困难补助，以解燃眉之急。

多对象资助。高校学生资助资金依托于国家、社会、个人，随着国家层面资助政策的宣传与引导，越来越多的企业、社会团体和爱心人士关注到贫困学子，高校的资助资源得到拓展，得以设立种类多样的资助项目。在资助对象中，有一些应予以重点资助和关爱，如重点关注原建档立卡学生、少数民族学生、突发重大疾病学生、孤儿和残疾学生，也要考虑这些资助对象的具体困难和实际需求，设立一些富有针对性又人性化的资助项目。如针对原建档立卡学生学费减免、对少数民族学生发放节日补贴、对突发重大疾病学生发放重大疾病救助基金，精准匹配困难学生的学习和生活需求，充分给予学生有温度的物质关怀。

多帮扶资助。授人以鱼不如授人以渔。如何提升贫困学生的综合能力并促进其全面发展是学生资助工作的重要目标。因此，在充分予以物质帮扶的基础上，还要整合资源，从保障型资助向发展型资助延伸，坚持助困与扶志、扶智并重，让资助的供给侧与需求侧顺畅对接，尤其要注重学业、心理、实践、技能等方面的帮扶。一是要促进学业发展，奠定成长基础。针对家庭经济困难学生存在的学业困难，通过讲座和一对一辅导解决其在学习中遇到的困难，提升学业水平。二是注重心理支持，健全人格。以能力辅导、赋能成长为主题，设立资助社团，鼓励其在自助和助人中提升心理健康水平。三是强化社会实践，增长阅历才干。鼓励家庭经济困难学生利用假期开展社会实践，培养其反哺家乡、服务基层的意识。四是提供技能培训，提升能力素养。对家庭经济困难学生的人际交往能力、文化素质、语言表达、软件使用等方面予以培训，增强其自信心，助力实现全面发展。

二、高校学生资助工作全过程"时间维度"的重要意义

确保资助效能最佳。高等学校学生资助工作的目的是让更多家庭经济困难学生拥有接受高等教育的机会，资助的有效落实是家庭经济困难学生教育目的达到的最终体现。实现最佳效能，是资助工作力求达到的结果。从学生成长角度出发，学生的经济性发展、学习性发展、社会性发展情况可以作为考量资助效能的评价指标。首先，促进经济性发展。当前我国资助政策体系无论是国家助学贷款、奖助学金还是学费减免都对家庭经济困难学生予以物质关怀，保障其学习和生活全面无忧。其次，促进学习性发展。学生资助保障了家庭经济困难学生平等的受教育权利，体现教育公平的核心内容与理念。高校学生资助工作核心目标就是帮助家庭经济困难学生顺利求学，资助的效能影响着学生的学业。资助能显著地降低学生个人学业失败的可能性，增加了他们投入学习的时间，减轻其思想负担，提高学业水平。最后，促进社会性发展。资助的最终目的是育人成才，在社会性认知方面，学生资助能帮助家庭经济困难学生发展自己的能力，完善人格，使其具有可持续发展、创造美好生活的社会性发展能力。从"时间维度"实施全过程精准资助，探索全过程的资助形式，为真正实现精准资助、促进高校资助体系的完善、提升高校资助工作水平发挥着不可替代的作用。

确保消除资助盲点。要让学生资助成为助力贫困家庭子女顺利完成学

业、提高科技文化素质、提升就业创业能力的关键保障，就要从观测学生成长发展全过程出发，通过探索多元化的资助内容与多样化的资助形式，准确匹配相对困难学生不同发展阶段的需求，更好地助力家庭经济困难学生全面发展，赢得出彩人生。从"时间维度"实施全过程资助，树牢"精准资助"工作理念，围绕资助对象精准、资助施策精准、资助分配精准、资助供给精准，挖掘每个资助活动周期内不同关键时间点所能发挥的育人价值，在经济、能力、心理及就业方面为家庭经济困难学生提供物质关怀、精神激励、能力培养，给予家庭经济困难学生"无死角、无盲点"的助力支持。对受助者在资助前、资助中、资助后的资助效果进行比对，对育人成效进行追踪和反馈，使他们在大学这一成长成才的关键时期，这一改变人生际遇、助力人生发展的重要节点，成长为社会需要的优秀人才。

三、高校学生资助工作全过程"时间维度"的实践探索

（一）指标体系科学化保障对象识别精准

在目前实施精准资助实践过程中，为贯彻落实党中央精准扶贫战略思想，更有针对性地为家庭经济困难学生提供帮扶，实现资助对象精准，各高校以指标体系科学化保障资助对象精准，通过科学化、动态化、真实性的机制构建，来做到"应助尽助""需助必助"。

北京大学：北京大学作为全国高校范围内率先成立学生资助中心的高校，以专门机构、专职人员、专业背景、专项经费，搭建平台直接面向家庭经济困难学生服务[1]。在北京大学多元丰富的学生资助资金投入体系下，学生资助中心建立和完善了科学规范的制度，在多层次、高素质、有专业背景的团队共同努力下，确保将学生资助资金及时、准确、安全、有效地提供给家庭经济困难学生，做到"应助尽助"。为实现资助对象精准，

---

[1] 参见北京大学新生入学资助工作——全程资助为家庭经济困难新生成才保驾护航[EB/OL].[2020-11-12].http://www.moe.gov.cn/jyb_xwfb/xw_fbh/moe_2069/xwfbh_2017n/xwfb_20170906/sfcl_20170906/201709/t20170907_313780.html.

北京大学学生资助中心通过采取完善齐备的学生资助体系、家庭经济困难学生档案动态管理、经济困难学生家庭寻访活动的开展，来实现资助工作开展的科学化、动态化、真实化。首先，北京大学通过动态管理家庭经济困难学生档案，实行家庭经济困难情况一年一评，确保资助工作开展的动态化。在校学习期间，学生资助中心动态管理家庭经济困难学生档案，学生可以根据通知办理填报家庭经济情况调查表等手续，为下一学年申请助学金等资助项目做好准备。同时，学校开展经济困难学生家庭寻访活动，深入走访经济困难学生的家庭，调研学生家庭经济现状，以确保资助工作的真实性。院系自行组织寻访队伍，向资助中心提交立项书，走访本院系学生。寻访活动得到各个院系的积极响应，许多院系的党委副书记带头组建寻访团队，取得了较好的效果。

中国科学技术大学：中国科学技术大学制定了《家庭经济困难学生认定办法》，在认定工作中坚持民主评议和集中认定相结合的原则，实行定期审核和动态调整相结合的模式。学校在每次认定资助学生时，形成班级评议小组、院（系）认定工作组、学校学生资助中心的三级评议认定架构，结合辅导员、班主任主动调研的学生家庭情况、消费表现、同学反馈信息和学生经济困难调查表提供的量化数据等全面掌握学生家庭成员人口、工作、收支等信息，随后经班级评议、内部公示、院系审核、学校认定的工作程序进行初次认定，依据家庭经济困难程度，分成"贫困"和"特困"两个等级，建立家庭经济困难学生数据库。年度集中审核时，学校一方面通过辅导员、班主任长期观察，走访了解学生情况，另一方面收集学生的长期消费情况、电子产品状况等信息，复核家庭经济困难学生资格，定期更新家庭经济困难学生数据库；除此以外，学校还通过暑期实地家访、校园消费数据等途径及时掌握家庭经济困难学生的情况，实时维护家庭经济困难学生数据库。在认定的基础上，学校建立了"思想引领、学业指导、心理帮扶、生活援助、安全管理、健康教育"六个方面的预警与援助体系，通过"教、学、管"多部门联动，密切跟踪家庭经济困难学生的全方位成长需求,将"助学"升华为"励学",形成了全过程育人的完整链条①。

西北工业大学:西北工业大学以"精准识别、精准资助、精准帮扶"为工作目标,以信息化技术为载体,构建了"三化一体"的精准资助工作机制,即困难认定信息化、数据分析科学化、勤工助学系统化、精准资助成体系,全面服务于家庭经济困难学生成长和学校人才培养大局②。西北工业大学以信息化建设为突破口,设计、开发了适合学校实际情况的精准资助系统,在线进行家庭经济困难学生认定工作,通过信息化手段提升家庭经济困难学生认定水平。学校基于大数据挖掘技术深入分析学生消费等数据,并综合考虑学生在校天数和男女生消费差异等多重影响因素,根据学生校园卡用餐、超市消费、上网情况等多维度元素,进行大数据分析,科学分配资助名额和金额,保障资金分配精准。学校利用科学的数据分析方法分析家庭经济困难学生信息,确保在校家庭经济困难学生每学年至少获得一项助学金,实现资助对象全覆盖;发觉隐藏的家庭经济困难学生,在新生报到、寒暑假、春节期间等特定时期,进行点对点的直接资助。

电子科技大学:为构建精准资助育人体系,电子科技大学建立了一系列科学化的指标体系来保障资助对象精准识别。首先,学校建立家庭经济困难学生数据库,采集学生本人及受资助信息、在校消费数据、辅导员及同学日常评价等数据,涵盖4大类40余个小类;坚持评议小组主观评价与大数据客观分析、定量分析与定性分析相统一,设计研发家庭经济困难学生精准识别系统"智慧助困系统",集数据收集、存储、数据挖掘等为一体,找准资助对象。其次,精准管理受助信息,学校对家庭经济困难学生信息实施动态管理,采集分析在校消费等数据,对经济特别困难、生活艰苦的同学发放临时困难补助;在寒暑假坚持开展"百名辅导员实地走访经

---

① 参见中国科学技术大学精准资助工作开展情况——中国科学技术大学精准资助工作开展情况[EB/OL].[2020-11-10].http://www.moe.gov.cn/jyb_xwfb/xw_fbh/moe_2069/xwfbh_2017n/xwfb_20170906/sfcl_20170906/201709/t20170906_313490.html.

② 参见翟淑萌,李慧慧.西北工业大学"三化一体"助力学生精准资助[EB/OL].[2020-11-10]. https://news.nwpu.edu.cn/info/1002/62540.htm.

济困难学生家庭"活动,全面了解受助学生家庭情况和资助需求,动态完善数据库;把精准资助与诚信教育相结合,建立学生网络征信档案体系,核实学生资助申请材料。最后,精准帮扶受助学生,学校把家庭经济困难学生帮扶工作贯穿人才培养全过程,在新生入学前建立联系,介绍资助政策,提供来校路费;在校期间深入关注学生的资助与能力素质提升需求;毕业后持续关注基层就业、服兵役等后续资助。学校精准把握不同年级、不同民族、不同类别、不同去向的学生资助需求,全面提升家庭经济困难学生的综合素质。

西安交通大学:西安交通大学通过资助大数据实现精确认定。在新生来校报到之前,学校通过"西安交通大学家庭经济困难学生综合认定系统"确定学生家庭经济困难指数,认定家庭经济困难学生情况,并以此为依据,主动引导特困新生在家中通过网上申请"绿色通道"顺利入学,消除特困生家庭的后顾之忧,在此基础上与各学院共同开展有针对性的帮扶工作;通过组织各学院暑期的实地走访,深入学生家中,宣传国家及学校的资助政策,送去学校的慰问和关心。"从来没有听过这样的学校,孩子还没报到就先来家里,我们正在发愁学费怎么办,老师们就介绍了国家助学贷款的政策。"这是一位新疆籍贫困生的家人在家访时的真实心声[1]。

天津大学:天津大学加大政策宣传,聚焦精准帮扶,积极构建全链条资助育人体系,努力保障每一名家庭经济困难新生顺利入学、无忧求学[2]。为实现资助对象的精准化,天津大学通过创新宣传形式确保资助政策广知晓、完善资助项目确保资助体系全覆盖,保证了资助工作开展的科学化、动态化与真实化。首先,学校通过创新宣传形式,确保资助政策广知晓,确保资助工作的科学性;在招生环节,把资助宣传和招生宣传有机融合,对全校招生组组长进行学生资助政策培训,在招生手册中加入学生资助政

---

[1] 参见西安交通大学打造大数据时代"绿色通道"精准资助家庭经济困难新生[EB/OL].[2020-11-10].http://www.moe.gov.cn/jyb_xwfb/xw_zt/moe_357/jyzt_2016nztzl/2016_zt14/16zt14_yxcf/201609/t20160912_280808.html.

[2] 参见天津大学积极构建资助育人体系 保障家庭经济困难新生安心求学[EB/OL].[2020-11-10].http://www.moe.gov.cn/jyb_xwfb/s6192/s133/s157/201909/t20190904_397326.html.

策简介；建设学校迎新网站和学生资助管理中心微信公众号，推出"一张图读懂天大资助""资助迎新季""资助漫画小贴士"等生动形象的资助政策解读；新生入学后，将资助政策宣讲纳入新生教育周必修课，通过教师讲解等方式让学生更加深入、详细了解各项资助工作。其次，学校开展学生家庭走访工作，助力困难新生无忧入学，确保资助工作的真实性。天津大学连续十余年开展"资助万里行"暑期家庭经济困难新生家访工作，每年招募300余名在校生和辅导员担任学生资助宣传大使，详细讲解有关资助政策，实地了解新生家庭经济情况。家访过程中应重点宣传国家资助政策和学校资助项目，了解学生家庭成长环境，确保资助育人精准，同时给予学生精神上的支持和心理上的安慰，鼓励学生奋发向上，并了解家庭对学校人才培养相关意见，介绍学校办学理念。

（二）信息手段智能化保障政策实施精准

《江苏省"十四五"教育发展规划》提出要深入推进新技术赋能教育，以新技术促进教育理念、教学模式和管理模式变革，以教育信息化支撑和引领教育现代化。信息化是当前社会不可逆转的发展潮流，将信息化手段与学生资助融合，全面推进资助信息化建设同样是时代发展之必然。各高校在利用大数据、人工智能等信息化手段提升高校学生资助工作精准化水平方面不断实践探索。

华南理工大学：近年来，华南理工大学学生资助工作一直探索学生资助新模式和新思路，对家庭经济困难学生实施精准资助。经过多年的探索和创新，从学生家庭经济情况认定，到家庭经济困难学生获得资助及他们的成长成才，最后到他们的毕业就业，学校利用"互联网+"将学生管理系统与传统资助方式紧密结合，全面跟踪每一个家庭经济困难学生的成长成才情况，使学生资助工作真正做到精准资助[①]。一是夯实精准资助基础。

---

① 参见华南理工大学"互联网+"五部曲助力学校精准资助[EB/OL].[2020-11-10].http://www.xszz.cee.edu.cn/index.php/shows/62/2529.html.

学校利用自身技术资源，搭建开发了适合学校实际情况的学生家庭经济情况认定系统，对全校本科学生进行家庭经济情况认定。二是找准精准资助关键。精准资助的关键就是要保证每一个家庭经济困难学生得到应有的资助。学校开发了与家庭经济认定系统绑定的助学金申请系统，保证每一个家庭经济困难学生都能得到助学金资助。三是凸显精准资助成效。学校育人工作不断创新工作方法和载体，努力打造符合人才培养规律、得到师生高度认同的"七色的彩虹 榜样的力量"——学生工作创先争优"标杆工程"。四是注重精准资助成果。为做好家庭经济困难学生的就业工作，学生资助部门连同学生就业部门及各二级学院，在每年9月开始对翌年家庭经济困难毕业生进行跟踪，定期掌握他们的就业情况，通过学生就业管理系统向他们定向推送就业信息，使得他们更加有针对性地了解就业形势和就业单位。

西安交通大学：西安交通大学立足大学生资助工作实际，按照教育部"'十三五'期间实现'精准资助'"的要求，结合陕西省教育厅关于教育精准扶贫的工作思路，着力打造大数据时代"绿色通道"，率先将数字迎新系统与大数据平台整合，提前发现新生中家庭经济困难学生，多措并举畅通新生入学通道，不让一个家庭经济困难新生掉队；建成学生大数据分析与服务平台，实现家庭经济困难学生的"精准认定、精准预警、精准帮扶"和全过程动态管理，让大数据成为精准资助的导航仪；通过大数据平台对经济困难学生的隐形特征进行挖掘分析，发现他们的发展性需求，注重学生的思想引领、能力提升、文化传承，持续建设多元化、发展型资助育人体系，不断深化资助育人内涵[1]。

大连理工大学：大连理工大学着力构建立体化资助体系，运用大数据工具分析各项资助政策的落实和资助资金的使用，为精准资助提供支持；建立完善学生资助系统，实现家庭经济困难学生动态资助、跟踪机制和资助工作的网上一体化[2]。早在招生录取阶段，新生辅导员便通过筛

---

[1] 参见西安交大参加教育部新闻发布会 介绍学生资助工作成效[EB/OL].[2020-11-12].http://news.xjtu.edu.cn/info/1033/3864.htm.
[2] 参见大连理工大学加强资助工作助力贫困学子圆梦[EB/OL].[2020-11-10].http://www.moe.gov.cn/jyb_xwfb/s6192/s133/s160/201610/t20161026_286208.html.

选分析新生招生录取信息，进行新生家庭经济情况排查和"绿色通道"登记工作；此外，新生辅导员还与地方校友会线上线下齐聚力，通过电话通信、视频聊天等方式，深入了解学生家庭情况，力求在新生入学前便精准把握学生家庭经济困难情况，对新冠肺炎疫情受灾，建档立卡贫困家庭，对孤儿、低保、残疾等特殊类型学生早排查、早关注、早资助，为新生入学后及时提供精准资助奠定基础。学校在特定时点启动助学金发放、冬衣送暖、路费补助、备品补助等资助项目，及时满足家庭经济困难学生需求。

中国科学技术大学：中国科学技术大学"隐形资助"贫困生经媒体报道引起热议，广受好评①。"隐形资助"项目由中国科学技术大学在全国高校中首创，目的在于让贫困生更加有尊严地接受资助项目，为家庭经济困难学生带去人文关怀。"隐形资助"为高校资助工作开展树立了新标杆，也更加体现了资助项目的人性化保障，实现了资助需求的精准。中国科学技术大学利用校园一卡通系统，对学生消费数据进行统计分析，调研了在食堂正常就餐但是每餐消费额非常低的学生，经深入了解后发现部分同学因为各种顾虑，没有申请过助学项目，但家庭经济确实困难。为了精准识别家庭经济困难学生，及时对他们实施有效资助，学校决定利用一卡通系统的消费大数据，启动生活援助计划，这就是后来受到多家新闻媒体关注的"隐形资助"。经过不断的探索与完善，"隐形资助"已发展为一项科学规范的资助项目。学校学生资助管理中心每月分析学生食堂就餐数据，通过"隐形资助系统"生成当月"生活援助预警线"，再将预警线下的学生名单与家庭经济困难学生数据库进行对比。对已经在数据库的学生直接通过校园一卡通予以"隐形资助"；不在数据库的学生，经辅导员、班主任核实家庭经济情况后，确属困难的，则将其加入家庭经济困难学生数据库，及时

---

① 参见中国科大"隐形资助"贫困生引热议　盘点各国如何资助贫困生[EB/OL].[2020-11-12].http://china.cnr.cn/qqhygbw/20170711/t20170711_523844133.shtml.

发放"隐形资助",同时让其参与后续助学项目的评审①。

(三)统筹规划系统化保障资助分配精准

尽管党和国家以及社会各界不断加大资助力度,但资助资源还是相对有限的。要解决这一问题,需要高校资助工作者将资助工作作为一项系统性的工程通过统筹规划打好"奖、助、贷、勤、补、免"的组合拳,对资助资源予以精准分配,提供全链条助学服务,准确满足学生的成长发展需要。

清华大学:清华大学通过"两个强化""两个增加""两个全部"的新经济资助体系工作理念与具体包含"红橙黄绿青蓝紫"七个维度的学生资助"阳光工程"项目,实现资助工作的系统化统筹规划,确保资助分配的精准。清华大学新经济资助体系明确提出"两个强化""两个增加""两个全部"的工作理念。具体而言,"两个强化",一是强化学校在资助工作中的直接责任,二是强化学校在资助工作中的育人功能。"两个增加",一是增加筹款力度和学校的直接投入,二是增加校内勤工助学岗位数量,提高岗位的质量和层次。"两个全部"是指覆盖全部的家庭经济困难学生和覆盖家庭经济特别困难学生的全部基本求学费用②。在过去工作的基础上,清华大学进一步升级资助政策,依托精准资助,让学生能够顺利入学、顺利完成学业、接受公平的有质量的教育,让每一名在校学生都能享有一流的成长发展机会,使得党和国家在学生资助方面的惠民政策像阳光一样温暖在校学生,实现资助育人,为党和国家培养和输送一批优秀人才。

上海交通大学:上海交通大学秉承"资助更重育人"的理念,不断完善资助体系,创新资助方式。上海交通大学持续贯彻落实国家和地方出台的一系列高校学生资助政策,为实现资助分配的精准,通过确立"知识探

---

① 参见中科大"隐形资助"受好评 将"助学"升华为"励学"[EB/OL].[2020-11-12].https://gaokao.eol.cn/an_hui/dongtai/201709/t20170907_1552578.shtml.

② 参见清华大学学生资助管理中心简介[EB/OL].[2020-11-12].http://zizhu.tsinghua.edu.cn/zxjs/zxjj/index.htm.

究+能力建设+人格养成"三位一体的育人理念与"保障型、帮扶型、服务型、引导型"四个层面的"以学生为中心"的资助育人体系,统筹规划资助工作开展[①]。保障型主要指研究生学业奖学金、伙食补贴、福利加餐,帮扶型主要指困难补助、学费减免、大病救助基金,服务型主要指本科生勤工助学、研究生"三助"津贴,引导型主要指奖学金、助学金、励学金,这四个层面构成了"以学生为中心"的资助育人体系。

复旦大学:复旦大学积极响应国家政策,构建精准资助体系,帮助学生求学安心;通过切实落实国家资助政策,并依据本校情况设立各种帮扶措施,实现资助工作的系统化统筹规划,保障资助分配的精准。复旦大学为在校学生构建全方位、全过程的精准资助体系,包括奖、助、勤、贷、减免、补、医疗帮困、绿色通道、爱心公益站、冬季送温暖等。除国家奖学金、国家励志奖学金以及上海市奖学金外,学校还设立各类校级奖学金近50项,奖励勤奋学习、努力进取,德、智、体、美、劳全面发展的优秀学生,覆盖全校本科生总数的45%以上。除国家助学金外,复旦大学设有各类校外助学金60余项,帮助家庭经济困难学生解决经济困难、顺利完成学业。学校广泛设立勤工助学岗位,复旦大学每年共设立勤工助学岗位近3 000个,参与学生总数约2 000人。除上述政策措施外,复旦大学认真落实各项国家资助政策,做好学费减免,设立应急基金、医疗帮困基金等,通过各种帮扶措施使每一个家庭经济困难学生学习安心、生活无忧。复旦大学结合学校完善的学生资助体系,实现了对于家庭经济困难学生资助的全覆盖,人均受助金额达6000元[②]。

浙江大学:一直以来,浙江大学实施"奖、贷、助、勤、补、免"六位一体的资助政策,在具体的工作中,切身考虑家庭经济困难学生的实际感

---

① 参见上海交通大学学生资助体系[EB/OL].[2020-11-12]. https://zsb.sjtu.edu.cn/web/jdzsb/3810023.htm.
② 参见选复旦,精准资助体系助你上学无忧![EB/OL].[2020-11-12]. https://news.sina.com.cn/c/2020-08-04/doc-iivhuipn6828521.shtml.

受，注重工作的方式方法，努力营造平等和谐的资助氛围①。学校通过"保底与封顶相结合""集中与分散相结合""公平与隐私相结合"的工作模式，系统化统筹规划资助工作开展，确保了资助分配的精准。一是保底与封顶相结合。浙江大学确保家庭经济困难学生每年至少获得一项助学金，实现资助全覆盖。同时，对本科期间获得无偿资助的总金额设置封顶值。此外，学校通过拓宽勤工助学途径等措施，鼓励家庭经济困难学生通过学业成就和实际工作来争取更多优质资源。二是集中与分散相结合。对于国家励志奖学金、助学金以及外设助学金等形式、金额相对固定的资助项目，学校在一定时期集中申请、审批，引导学生进行合理选择与统筹；对于临时困难补助等资助项目，学校将审核权限下放给院系，采取随用随批的方式资助。三是公平与隐私相结合。学校规定所有的资助项目都必须进行公示，确保资助工作的公开与公正。但是考虑到家庭经济困难学生的实际感受，对于资助学生采取只发布学号的方式在有限范围内公示名单。此外，所有的资助项目都不采用打擂台的方式进行评定。这样的资助项目评定方式，值得各高校加以反思与借鉴。

同济大学：同济大学坚持精准资助，不让一个学生因家庭经济困难而失学。同济大学不断完善资助工作体系，提供全链条助学服务，通过共同构建本科生与研究生全方位的学生资助体系，将社会主义核心价值观融入资助工作全过程，实现资助工作系统化统筹规划，实现资助分配的精准。本科生资助工作与研究生资助工作同时开展、双线进行，共同构建全方位的学生资助体系。针对本科生，学校建成了"以国家助学贷款和行政性助学金为基本保障、以勤工助学为重要补充、以奖学金为激励手段、以社会助学金和困难补助为辅助措施"的经济资助体系；针对研究生，学校建立了研究生国家奖学金、国家助学金、学业奖学金、"三助"岗位津贴、国家助学贷款、基层就业学费补偿贷款代偿、应征入伍国家资助、校内奖助学

---

① 参见浙江大学"五精准"确保精准资助落实到位[EB/OL].[2020-11-10].http://www.xszz.cee.edu.cn/index.php/shows/62/2738.html.

金、特殊困难补助及新生入学"绿色通道"等相结合的资助体系。一系列资助措施有效解决了家庭贫困学生的上学问题。学校在资助工作中，将思想引领融入资助工作全过程，抓住学生成长的关键环节，将爱国教育、励志教育、感恩教育、诚信教育等导入其中，通过奖优评比、仪式教育、社会实践等多种载体，以学生喜闻乐见的方式，将思想政治教育寓于其中。

（四）项目设计人性化保障资助需求精准

高校资助工作不仅仅是给家庭经济困难学生在经济上提供简单的帮助，更重要的是通过细心、细致、有温度的资助让家庭经济困难生们体会到党与国家的温暖。精准资助同样要求高校资助项目要涉及人性化保障，做到多节点资助、多对象资助、多形式资助。

清华大学：为实现精准资助，清华大学开展学生资助"阳光工程"项目。"阳光工程"具体包含"红橙黄绿青蓝紫"七个维度的工作，对清华大学在校的家庭经济困难学生进行全方位的关心关怀和发展支持。"阳光工程"覆盖学生生活、学习、成长、发展的各个方面，照亮每一位在校家庭经济困难学生的前路和梦想[①]。一是"党旗红"感恩教育。通过聘任"学生资助宣传大使"、开展系列主题活动、建立学生公益实验室等措施，广泛宣传资助范围、资助标准、资助程序等重点政策内容。二是"暖心橙"励学举措。清华大学设计建设新的勤工助学体系，引入优质企业资源，突出学生自主性，让学生在校期间得到更加充分的锻炼成长。三是"黄土黄"国情认知。学校以社会实践为载体，对家庭经济困难学生开展社会实践的项目培育、立项支持、专业指导、总结交流等关键环节，明确引导方向，加大支持力度，增进他们的国情认知和文化自信。四是"新草绿"入学通道。清华大学在全国高校率先开设新生入学"绿色通道"，对来自建档立卡户、低保户，以及农村特困救助供养学生、孤残学生等特殊情况的学生，

---

① 参见清华欢迎你，2017新同学！［EB/OL］.［2020-11-12］. https://news.tsinghua.edu.cn/info/1098/41372.htm.

一一登记在册,并为其定制覆盖大学四年的资助方案。五是"碧云青"能力发展。清华大学实施家庭经济困难学生海外交流"鸿雁计划",培养学生的全球胜任力。六是"蓝海蓝"文化拓展。学校设立"好读书奖学金"资助用于鼓励家境清寒又勤奋好学的学生。七是"清华紫"校友支持。清华大学发起"校友励学金"工程,鼓励毕业生通过捐赠励学金的方式与在校困难生互相帮助,10年间共有2.7万人次校友参与其中,捐赠总额占全校资助总额的1/3。

哈尔滨工业大学:"困难不怕,哈工大是家。"为实现资助项目的精准,哈尔滨工业大学一方面从细微处入手帮助学生解决学习生活中的实际困难,另一方面创造性地增设无偿型助学岗位,使得资助工作开展更加具有双向性,也更加实现了资助需求的精准。一是从细微处入手帮助学生解决学习生活中的实际困难。哈尔滨工业大学创新设立了"困难不怕,哈工大是家"重点公益项目。该项目包含"新生贴心大礼包""爱心饭卡""舒心车票""暖心棉衣""医疗救助"等系列子项目,真正把温暖和关怀送到学生的心坎上①。为实现学生"扶贫"与"扶智"相结合,学校还提供博物馆讲解员、网络中心助管、院系学工办助理等工作岗位,帮助困难学生提高综合能力。二是创造性地增设了无偿型助学岗位。哈尔滨工业大学的勤工助学活动分为有偿型助学活动和无偿型助学活动。参与校内有偿助学岗位的同学必须为哈尔滨工业大学在读本科、硕士家庭经济困难学生,除特殊情况外,凡本年度获得国家助学金及励志奖学金或其他高额无偿资助的家庭经济困难学生学校将不予安排有偿型勤工助学岗位。此举旨在提高助学资金的使用效率,使有限的助学资源用在更多家庭经济困难学生身上。而对于表现突出者,学校将在期末对其进行表彰,并颁发荣誉证书。哈尔滨工业大学每年在勤工助学方面的投入居于全国高校前列,近年来不断加

---

① 参见爱心饭卡,让爱暖心[EB/OL].[2020-11-12]. http://news.hit.edu.cn/2015/0522/c457a74758/page.htm.

大力度，努力探索将资助工作与学生成长有机结合的新路子①。

北京理工大学：北京理工大学扎实推进对家庭经济困难生"精准资助"服务，让不少家庭困难的学生免去了忧愁。学校通过对家庭经济困难学生从入学到毕业的多节点资助，真正实现资助项目的人性化保障与资助项目的精准。首先，在新生入学时，通过"绿色通道"，北京理工大学会提前为家庭经济困难的学生准备好生活补贴、爱心礼包、军训服装和免费教材。而在学生的饭卡中，学校也提前将一年720元的生活补贴转入。家庭经济困难的学生还可通过学校的"梦想起航助学金"报销从家到学校的硬座车票。其次，在校期间，学校致力于实现精准资助，为贫困学生提供个性化、人性化服务。家境困难的学生可以申请助学贷款，特困孤、残学生可予以减免学费，并享受一到两个助学金项目的资助；入校后，他们还可通过勤工助学每月挣到三四百元的"工资"；每位大学生每个月有60元生活补贴，一年一共720元，学校将这笔钱提前打入饭卡。最后，在学业方面，该校还推出针对新生的"海外计划"，大一时可全额资助贫困生出国交流交换，大三时还可帮助申请国家公费留学项目。以往的调查显示，贫困生的生活费每月大约为1 000元至1 200元，每年大概上万元，而贫困生人均拿到的助学金为6 300元，再加上勤工助学、生活补贴等，基本能解决全年的生活费。北理工承诺，不会让任何一位学生因家境困难而辍学②。

南京大学：南京大学认真落实国家各项学生资助政策，不断加强政策宣传，加大精准资助力度，提升资助育人实效，努力保障不让一个学生因家庭经济困难而失学。学校通过规范资助管理实现资助体系全覆盖，搭建培养平台为家庭经济困难学生定制个性化成长方案，通过招生教师和学生"宣传大使"了解学生家庭状况等举措相结合，实现资助工作开展的科学化、动态化与真实化，达到精准资助。一是规范资助管理，实现资助体系

---

① 参见哈工大增设无偿型助学岗位[EB/OL].[2020-11-10]. http://news.hit.edu.cn/2008/0607/c1957a47302/page.htm.

② 参见各高校推"精准资助" 北理工提前发放生活补贴[EB/OL].[2020-11-10]. http://education.news.cn/2016-08-29/c_129260193.htm.

全覆盖，确保资助工作的科学性。学校通过奖助学金、助学贷款、学费减免、困难补助、路费补贴等多种方式开展资助帮扶；实施"十心实意"工程，为家庭经济困难学生发放600元特困补助、600元伙食补助、生活用品、学习大礼包、书籍以及卧具、生活指南等；召开家长座谈会，了解掌握学生情况，提升资助工作精准性；在迎新期间为家长提供免费住宿、就餐等服务，彰显人文关怀[①]。二是为家庭经济困难学生制定个性化成长方案。学校通过新生报到系统了解学生详细情况，为家庭经济困难学生制订个性化成长方案；实施"雨花斑斓成长计划"，组织家庭经济困难学生参加英语口语、计算机、数学等课业辅导，不断提高其学业水平；搭建榜样示范平台，设立"学生年度人物""自强之星"等奖项和杰出校友报告会等项目，激励引导学生奋发成才；鼓励家庭经济困难学生参加天健社、爱心社、自管会等学生社团组织，主动投身校内外公益活动，增加其感恩情怀和奉献精神。

郑州大学：坚持立德树人，以学生为本，做有情怀、有温度、有担当的资助育人工作，助力学生追求担当民族复兴大任的人生理想，把个人梦想自觉融入国家发展伟业中去。资助工作不仅仅是帮助学生完成学业，更要在学生的人格养成、素质培育、精神追求等方面全方位发力，把理想和担当的种子种在学生心间。郑州大学紧紧把握"精准资助"和"资助育人"两个重点，将学生资助融入"三全育人"大格局中，着力实现受助学生"解困—育人—成才—回馈"的良性循环。2021年7月河南遭受水灾，郑州大学第一时间启动了洪涝受灾专项资助活动，校内自筹资金41.9万元，作为第一批622名受灾本科生的专项资助；紧接着，协同郑州大学教育发展基金会、校友会，筹集社会捐助资金216.5万元，资助第二批受灾学生822人，两批共资助受灾学生258.4万元；为了帮助大一新生尽快适应大学生活，指导学生规划"大学里的时间"，郑州大学持续举办"关爱经济困难

---

① 参见南京大学扎实做好学生资助工作[EB/OL].[2020-11-12].http://www.moe.gov.cn/jyb_xwfb/s6192/s133/s171/201910/t20191011_402639.html.

学生暑期提前设岗助学"活动，结合大学生涯规划、科研素养提升、心理健康教育、感恩励志关怀等课题设计能力提升计划，提升学生综合素养，促进学生全面发展；此外"暖心补助专项"行动，为大一原建档立卡新生每人发放价值 3 000 元的爱心礼包，为寒门学子提供假期往返路费。为了实现由扶贫扶困到扶智扶志的转变，郑州大学不断加强勤工助学队伍建设和管理，目前共有勤工助学岗位 4 000 余个，给更多学子提供锻炼、历练的机会，培养他们勇于奋斗的精神状态、乐观向上的积极心态、自强不息的坚强意志。

贵州大学：贵州大学地处经济"欠发达"的西部省区，很多学生来自农村，贫困生比例较高，贵州大学积极探索和构建对贫困生的资助体系，将"扶贫与扶志、扶能"有机结合起来，在保证"经济资助"的基础上，加强"精神资助"和"技能资助"，逐步走出了一条对贫困生实行"砺志强能"助学育人的新路子。授人以鱼更要授人以渔，学校设置了 2 300 多个勤工助学岗位，这些岗位立足校内开拓校外，针对不同年级的贫困学生，实行技术含量层层递进的岗位供给制。大一新生主要从事劳务型岗位，大二从事劳务型与技能型结合的岗位，大三从事技能型与管理型结合的岗位，大四将技能型岗位与就业结合起来。贫困学生可根据自己的特长、爱好选择合适的岗位，进行有偿劳动。在缓解经济困难的同时，给他们提供了更为广阔的社会实践机会和技能锻炼平台。学校还激励贫困学生参加以科学研究和科技创新为主要内容的勤工助学。学校率先在省内启动了"大学生科研训练项目"（"SRT 项目"）和"大学生创新计划"，每年投入 35 万元，对他们进行科研经费资助，引导他们进入科研领域，使其在教师指导下自主选题、自我设计、自主实验、自我管理，从事创新性实验，培养他们的科研素质，启发他们的创新意识和创新思维，强化他们的创新能力。

第四节　高校学生资助工作的全方位"内容维度"

要保障贫困家庭子女能够拥有教育机会、教育资源和教育资助，全面提高贫困人口的教育水平和综合素质，学生资助政策发挥了不可或缺的作用。资助育人质量提升体系的建设能够有效促进学生发展成才，助力阻断贫困的代际传递，彰显教育公平的价值。

马克思和恩格斯在《共产党宣传》中指出人类发展的重要基础是个人自由全面发展①。实现人的全面发展是马克思主义的崇高价值追求，也是中国共产党人的奋斗目标。由于成长环境和教育资源的制约，家庭经济困难学生往往缺乏提升能力素养、拓宽视野见识、涵养文化底蕴的途径与机会，在实现全面发展的道路上可能要面对重重阻碍与困难。因此高校应遵循人的全面发展理论，把育人融入学生资助的全方位，把立德树人内化到学生资助工作的各领域、各方面、各环节，密切关注家庭经济困难学生的能力发展问题，使学生资助成为促进其全面发展的重要推动力。

一、高校学生资助工作全方位"内容维度"的主要内容

习近平总书记在全国教育大会上指出，培养什么人，是教育的首要问题。这也是高校做好资助育人的重要内容，要把立德树人内化到学生资助工作的各领域、各方面、各环节，做到以树人为核心，以立德为根本。通

---

① 陈家新.《共产党宣言》在中国的翻译和版本研究[J].中国国家博物馆馆刊,2012(8):116-133.

过德育以指引发展动因，志育以激励发展动力，智育以培养发展能力，构建包括物质帮助、道德浸润、能力拓展、精神激励等在内的资助育人体系和长效育人机制，教育引导贫困学生成长成才。

（一）德育以指引发展动因

浇树先浇根，育人先育德。2018年5月2日，习近平总书记在北京大学师生座谈会上再次强调，要把立德树人的成效作为检验学校一切工作的根本标准，真正做到以文化人、以德育人，不断提高学生思想水平、政治觉悟、道德品质、文化素养，做到明大德、守公德、严私德。德是立身之本，更是成才之基。因此，通过德育，应引导受助学生增强"四个自信"，把爱国情、强国志、报国行自觉融入实现中华民族伟大复兴的奋斗之中，为实现"两个一百年"奋斗目标而不懈努力。

1. 价值引领

学生资助要想实现价值引领，需要围绕学生、关照学生、服务学生，把思想政治教育同解决实际问题结合起来，在关心人、帮助人中教育人、引导人。价值引领就是要开展马克思主义理论教育，用新时代中国特色社会主义思想铸魂育人，应当教育引导学生增强中国特色社会主义道路、理论、制度、文化自信，引导受助学生形成正确的世界观、人生观、价值观，确保青年一代成为社会主义建设者和接班人。

厚植爱国情怀。爱国主义是中华民族的精神财富，是中华民族实现伟大复兴的强大精神动力。习近平总书记强调，要在厚植爱国主义情怀上下功夫，让爱国主义精神在学生心中牢牢扎根，教育引导学生热爱和拥护中国共产党，立志听党话、跟党走，立志扎根人民、奉献国家。爱国主义更能指引奋斗方向和发展动因，引导受助学生将自己的理想与祖国的前途、人民的命运紧密联系起来，为"两个一百年"奋斗目标和中华民族伟大复兴的中国梦矢志奋斗。要厚植爱国主义情怀，首先要切实发挥课堂主渠道作用，在思政课中丰富爱国主义教育内容、创新教学手段，深入开展国情教育和形势政策教育，大力弘扬民族精神和时代精神，广泛开展党史、国史、改革开放史教育，引导青年学生深刻认识中国共产党为什么"能"、中国特色社会主义为什么"好"。其次，爱国主义不是空洞的口号，也不是海市蜃楼，要引导学生在工作实践中涵养家国情怀。理论与实践相结合，才能更好促进青年学生把爱国主义的感性认识和理性认识融会贯通。要把爱国主义教育贯穿到资助工作的实践中，营造良好的爱国主义教育氛围。要统筹好共青团、学生会、资助类学生社团等各类实践平台、阵地，把爱国主义内容融入各类主题教育活动中，注重榜样的示范引领作用，组织青年学生参观纪念馆、展览馆等，宣传榜样的爱国事迹，激发学生的情感共鸣。

开展红色教育。习近平总书记强调：把红色资源利用好、把红色传统发扬好、把红色基因传承好。红色教育的目的，就是要坚定党的理想信念，继承和发扬党的光荣传统，着力提高受助学生的思想水平、政治觉悟，帮助家庭经济困难学生成长成才的同时强化价值引领，注重培元固本。首先，可以面向资助学生开设红色讲堂、理想信念讲堂，重在加强家庭经济困难学生价值引领，发挥价值引领的铸魂作用。重视家庭经济困难学生的精神激励，为家庭经济困难学生赠送红色书籍，使他们树立正确的人生观。其次，带受助学生赴红色基地学习，学习老一辈革命家一切从实际中来，面对困难奋勇直前的精神，不断增强中国特色社会主义的道路自信、理论自信、制度自信、文化自信，坚决战胜前进道路上的各种艰难险阻。最后，充分发挥各学院基层政治引领、推动党建工作功能作用，以红色网络实现党建工作阵地全覆盖、对象全辐射、功能全发挥。

2. 道德浸润

道德是一种社会意识形态，是人类共同生活中的某些约定俗成的行为准则，对人的社会生活起到一定的约束和规范作用。人的正确行为需要正确的道德观念引导。高校学生正处于世界观、人生观、价值观成型的关键时期，高校除了做好学生理想价值的引路人以外，也应营造良好的校园环境，培育校园文化，尊重每一个学生的人格和思想，在潜移默化中实现道德浸润，培养具有温度和高度的优秀人才。

推进诚信教育。国家助学贷款是家庭经济困难学生解决学费的最主要的资助政策。贷款学生的诚信观念决定着国家助学贷款能否良好地、可持续地发展。故而，高校应不断强化贷款学生信用观念的宣传与教育，提升其诚信意识。首先，邀请银行金融专家进校园开展征信知识讲座，通过开展金融知识教育、预防诈骗教育、不良贷及套路贷警示教育等，在学生群体中普及征信知识、金融知识和风险防范知识，引导他们珍爱信用、理性借贷、理性消费，提高自身征信意识、金融意识、风险意识和法律意识，进而树立起正确的消费观、荣辱观、价值观，努力成长为德智体美劳全面发展的社会主义建设者和接班人。其次，设立有关金融信用和相关法规的课程，将学生信用考核列入综合评价，在毕业生就业指导中增加诚信教育等相关内容，在借助学贷款签约和毕业离校还款协议签订之际，集中为全校学生开展金融知识教育活动。最后，依托各学院广泛组织如"感恩与诚信"主题教育活动，通过主题班会、团日活动等形式引导学生树立正确的诚信观，增强社会责任感。积极组织学生开展以诚信教育为主题的活动，开展"寻访诚信之星"、诚信超市等诚信实践活动，通过诚信实践强化育人效果，树立大学生的信用意识和遵纪守法观念。

深化感恩教育。国家和社会对家庭经济困难学生予以资助，也希望家庭经济困难学生在有能力的情况下回馈社会、回报国家，让家庭经济困难学生知恩感恩、饮水思源，这是对家庭经济困难学生进行感恩教育的目的所在。高校通过指导以相应奖助学金获得者为主要成员的资助类社团开展活动，着重培养他们对党对国家对社会的感激之情、感恩之心，鼓励学生参加学生社团，主动投身校内外公益活动，增加其感恩情怀和奉献精神。围绕"践行公益，感恩社会"的共同原则，开展文化学习、创新创业、感恩志愿等活动，丰富同学们校园学习和文化生活的同时也实现学生自我价值。鼓励国家奖学金获得者、资助专员等受资助学生加入资助宣传大使队伍，通过聘任"学生资助宣传大使"，以回访高中母校和进村入户两种模式宣传讲解国家资助政策，广泛宣传资助范围、资助标准、资助程序等重点政策内容，实施感恩教育、诚信教育，传播"自助·受助·助人"的理念，培养学生的社会责任感、时代使命感。

（二）志育以激励发展动力

"脱贫致富贵在立志，只要有志气、有信心，就没有迈不过去的槛。"①扶贫先扶志，学校要生成"育志"场域，以励志教育和理想指引为重点内容，加强精神塑造，发挥理想信念的铸魂作用，激发学生的发展动力，希望所有受助学生都能把个人理想融入国家和民族事业中，为实现中华民族伟大复兴的中国梦矢志奋斗。

1. 理想指引

习近平总书记反复强调，理想指引方向，广大青年一定要坚定理想信念，没有理想信念，就会导致精神上缺"钙"。党的十九大报告指出：青年一代有理想、有本领、有担当，国家就有前途，民族就有希望。这些论述充分揭示了理想信念对于青年学生成长成才的重要性。家庭经济困难学生遇到的现实困境可能会更多一些，因此，高校尤应加强这部分学生的精神塑造，发挥理想信念教育铸魂作用，培养学生的家国情怀，把自己的理想同祖国的前途、民族的命运紧密联系在一起，勇敢地做走在时代前面的奋进者、开拓者、奉献者。

响应国家号召，服务国家需求。首先，在强化理想信念之外，学校也应注重积极引导和激发青年力量，培养其家国情怀，使其成为中国特色社会主义事业建设者和接班人，努力成长为各个领域的栋梁之材。应对"一带一路"建设、"中国制造 2025"等国家重大战略需求，开展针对重点地区、重大工程、重大项目、重要领域（以下简称"四重"）的就业讲座、国防军工月等活动；利用寒暑假，开展家庭经济困难毕业生四重岗位体验活动，为家庭经济困难学生报销往返路费，并提供生活补助。其次，着重宣

---

① 习近平.摆脱贫困[M].福州:福建人民出版社,1992.

传基层就业学费补偿贷款代偿政策,激励受资助学生积极为理想信念奔赴远方,引导家庭经济困难学子到中西部地区建功立业,到祖国最需要的地方去实现人生价值,勉励家庭经济困难学生志存高远、青春奋斗。高校还可以在开设就业指导课程、职业生涯规划讲座、创业创新实践过程中,将乡村振兴战略等国家政策性内容纳入其中,丰富学生的理论知识。最后,面对愈发严峻的就业形势,高校应当响应国家号召,发挥育人优势,整合就业资源,及时为学生搜集、普及有关乡村振兴的人才引进政策,通过树立榜样,表彰先进,引导激励学生以高涨的热情和坚定的决心投入乡村基层工作和农村基层建设中去。鼓励学生参与与乡村振兴有关的社会实践项目,如留守儿童教育、乡村调查、农副产品直播等,在乡村治理、经济建设、文化建设等方面发挥高校和大学生的积极作用。

匹配就业需求,提供精准服务。完善家庭经济困难学生就业信息网络平台,集成用人单位校园招聘系统、家庭经济困难学生就业服务管理系统、职业生涯发展教育系统,促进就业供需精准匹配、精准推送。贯彻落实党中央和教育部一系列关于推动高校毕业生就业创业和学生资助的文件精神,积极推动家庭经济困难学生的就业、择业与创业帮扶体系的建设。为家庭经济困难学生实施"助力计划",帮助家庭经济困难学生实现专业能力与领导能力的并重。以就业服务贯穿家庭经济困难学生价值塑造、生涯教育、实践体验全过程,发挥就业对家庭经济困难学生培养的双向调节作用。建立生涯发展档案,全程追踪家庭经济困难学生发展状况。开展职业大讲堂、就业指导工作坊等生涯教育和职业规划大赛、模拟面试大赛等生涯发展活动,不断提升学生综合竞争力。帮扶家庭经济困难学生等特殊群体就业,开展个性化辅导,组织专场招聘会,落实求职创业补贴等政策。

2. 励志教育

家庭经济困难学生虽然家境贫寒,但是在其成长过程中,往往更加努力。面对苦难,要激励他们树立起不甘示弱的心态和态度。苦难不是博取同情的资本，而是促成其自身成长的独特经历和力量。励志教育就是要帮助其挖掘自身执着奋斗、自强不息的力量，并带着这种励志的力量不断前行。

深入挖掘励志典型。几年前，一篇题为《感谢贫穷》的文章曾经刷屏并在当时引发诸多讨论。当事人从自身坎坷经历出发，表达出了"世界以痛吻我，我却报之以歌"的慷慨。应当认识到，需要赞美的并不是苦难和贫穷本身，而是他们自立自强、顽强生长的精神，还有在这个故事背后，不断完善的学生资助体系，也保障他们走得更远、走得更稳。因此，在接受资助的学子中，可能会涌现出在志愿服务、社会实践、学术科研、体育竞技、文化艺术、创新创业、参军报国等方面的励志典型，高校资助工作者应用心挖掘其背后的故事，尤其是抓到那股能够指引他们迎难而上、逆风飞翔的坚韧力量，并将这股力量传递给更多人。通过全方位宣传家庭经济困难学生自强自立的感人事迹，引导更多的青年学生树立正确的世界观、人生观、价值观，从而成长为德才兼备、全面发展的优秀人才。

发挥奖优激励作用。对优秀学生予以表彰和奖励，可以深化奖励荣誉的激励作用，发挥出榜样的示范引领作用。通过开展高校"大学生年度人物"等评选活动，全面落实全国教育大会和全国高校思政工作会议精神，推动高校落实立德树人根本任务，培育和践行社会主义核心价值观，积极选树德智体美劳全面发展的先进榜样，激励广大学生坚定信念，树立奋发向上、团结进取、求真务实、开拓创新的精神，努力成为担当民族复兴重任的时代新人。举办校级和院级奖学金颁奖仪式，奖励表彰那些获得奖学金、荣誉称号的同学，颁奖仪式既面向整体又关注个体，既注重连续性，又注重阶段性。这些特点，恰好符合以德育为核心的素质教育的内在要求，又适应学生身心发展特点和规律。颁奖仪式的氛围尤为重要，通过特定的程序、特定的装饰、特定的服装，突出仪式的隆重、典雅、正式，让学生留下终生值得回味的记忆，提升仪式教育的教育效果。

3. 心理帮扶

家庭经济困难学生在成长中得到的教育资源相对匮乏，其在兴趣特长、表达能力、心理素质、人文素养、专业技能等方面都表现为弱势，尤其是家庭经济困难学生在面对经济贫困带来的生活压力时，容易产生一系列心理问题。他们容易产生自卑心理，在生活和学习中也常表现出孤僻、压抑、焦虑、不善与人交际等现象，这些容易导致其缺乏自信心、情绪管理障碍等问题，也限制了学生的全面发展。因此，学校要将思想政治教育与心理健康教育相结合，持续心理赋能援助，建立经济困难学生心理辅导干预机制。

建立心理干预机制。针对家庭经济困难学生可能会发生的心理问题，学校需要建立有针对性的心理干预机制作为心理帮扶的"应急保障"措施。首先，建立家庭经济困难学生心理档案，准确掌握学生的心理健康情况，及时更新档案信息，在常规性的心理帮扶基础上为学生制订个性化发展规划，最大限度地促进他们身心健康成长和个人全面发展。其次，建立专业化的心理干预队伍，从班级到学院再到学校，形成一体化干预团队，聘请心理专家定期培训辅导，提高干预团队的专业化水平。最后，不仅要做好应急性心理帮扶，更要做好对学生在校的全过程、全方位覆盖的长期化、持续化、系统化的心理帮扶，增强学生的自我心理调适能力，帮助他们保持心理平衡、身心健康。

持续心理赋能援助。建立和完善家庭经济困难学生心理援助机制，学生资助管理中心与心理健康咨询中心共建贫困生心理健康动态预警系统，制定切实可行的措施和管理办法。时刻关注家庭经济困难学生心理动态，真正走入他们的内心世界，及时发现和解决问题。建立"优秀贫困大学生自强联盟"，通过吸引家庭经济困难学生成员，建立专门的团队，设计专项活动和规划对成员施加影响，改善其心理状况，培养其自强、自立的精神和沟通、合作的能力。点面结合，全面突破，开展一系列形式多样的心理辅导活动，如健康人格和情绪调节的心理讲座、"贫困生成长辅导小组"的团体辅导等；进行个别心理咨询，疏导心理困扰，提高贫困生的心理健康水平。抓住学生成长的重要时期、重要事件、重要环节，及时为他们提供心理帮扶。在学生遇到成长发展的困惑与冲突时，解决他们的燃眉之急，通过全方位的精神支持与激励，帮助他们形成健全的人格。

（三）智育以培养发展能力

经过多年来的不断努力，我国"奖、助、贷、勤、补、免"的多元混合型资助体系逐步完善，学生的受教育权利得到保障。同时，我国学生资助经费投入稳定快速增长，2019年高校学生资助金额达到1 316.89亿元，相较2012年增长了140%[①]，真正做好了"应助尽助"，充分突显出高校学生资助的助学帮困作用。在高等教育内涵式发展的背景下，人才培养的价值导向在学生资助工作中也逐步发挥着越来越重要的作用。人才培养，能力为重，能力作为人本身固有的一种力量，对学生个人的生存和发展都具有十分重要的意义。高校应加强智育，不断培养其自我发展的能力，促进其实现全面发展。

1. 学业科研

家庭经济困难学生多来自经济、教育水平相对落后的地区，而且不少家庭经济困难学生是通过"贫困专项"和"筑梦专项"考入大学，他们的教育基础往往相对薄弱，自我学习能力、展示能力、英语能力、新媒体技能等都相对薄弱。发展型资助应注重提升学生的自我学习能力，帮助他们在自我提升素质和能力的过程中获得自我效能感，提升核心竞争力，为长远健康发展奠定基础。

培养自主学习能力。针对家庭经济困难学生基础知识薄弱、心理负担重等特点，学校应通过研究和实践，建立"全面指导、全程跟进"的帮扶机制。首先，学生资助管理中心与教务处联合开展学习帮扶，根据家庭经济困难学生的学业水平，建立"一对一"的学习辅导或"一对多"学业讲座，以帮助家庭经济困难学生提高学习水平，激发学习动力。其次，提供帮扶的学生为每个家庭经济困难学生制定个性化帮扶计划，有针对性地讲解知识难点，探究学习方法的同时督促其养成良好的学习习惯。最后，通

---

① 2019年中国学生资助发展报告[EB/OL].[2021-03-01].https://baijiahao.baidu.com/s?id=1667265615266882654&wfr=spider&for=pc,20-05-21.

过小组学习互助培养学生自主学习的能力，以互助学习小组、受助学生社团、导师指导等途径，帮助其科学掌握学习方法，提升学习效率，提升自主学习能力，以学业提升带动全面发展。

提升科学研究素养。人才培养质量是衡量高等学校办学水平的重要标准，以先进的科学技术推动社会进步，支撑起民族振兴的脊梁，也是高校义不容辞的责任。在帮扶学习困难的同学的同时，也要高度重视对有志于在学术科研上钻研的家庭经济困难学生的经济资助和精神鼓励。首先，在资助育人工作开展中，应积极鼓励家庭经济困难同学积极投身学术，参加国内外各项学术科研创新竞赛，深化学生的学科认知，激发学生的科研兴趣，拓宽学生的学术视野。其次，实施学生科研训练项目，支持家庭经济困难学生根据学科兴趣选择研究领域，由学校相关学科青年骨干教师担任导师，指导学生完成科研计划。通过专家讲座、参观体验、实践操作等形式让学生深度参与科研过程，激发学生投身学科研究的热情，为一流人才的培养奠定坚实基础。最后，为家庭经济困难学生搭建国际交流平台，为学生提供高质量的交换学习机会，选拔并资助优秀学生到其优势学科领域交换学习，设立国际会议及学术交流活动专项资助，推进优秀学生创新型人才国际合作培养项目，拓宽学生国际视野，帮助学生走上国际舞台。

2. 能力素养

每个人都不能选择自己的出身，但是学生资助能保障贫寒学子通过教育获得人生出彩的机会，改变其自身和家庭的命运。但是由于成长环境或教育资源的限制，家庭经济困难学生的综合素养和能力方面存在不足。诺贝尔经济学奖获得者阿马蒂亚·森提出能力贫困的问题，他认为贫困人口致贫的主要原因是没有自我发展能力。授人以鱼不如授人以渔，学生资助工作要从单纯的"输血"到既"输血"又"造血"，坚持育人导向，以人才培养为核心，以有效促进贫困家庭学生全面成长成才为目标，不断推动学生资助工作实现高质量发展。

高校开展各项活动要致力于提升贫困学生的综合素养，促进其实现全面发展,应积极关注家庭经济困难学生在成长发展中的需求,量体裁衣,不断丰富优化课程,通过就业指导、体魄强健、文化熏陶、兴趣培养、技能培训实现家庭经济困难学生能力的拓展和提升,促进其德智体美劳全面发展,实现家庭经济困难学生的自助、互助、助人,帮助他们锤炼自我、铸造才干,使他们享有梦想成真和人生出彩的机会。

表3-1 家庭经济困难学生能力素养提升内容

项目类别	项目说明
兴趣培养	乐器、舞蹈等特长学习课
	书法、手机摄影、绘画等兴趣课
就业指导	职业发展规划课程
	名企HR"面对面"授课
	求职交通补贴
	基层单位和艰苦地区单位参观
文化熏陶	高雅艺术演出欣赏
技能培训	演讲、主持等专业技能培训
	各类实用软件培训
体魄强健	运动项目学习训练
	形体训练

3. 创新实践

作为中国特色社会主义事业建设者和接班人,当代青年能将学习到的理论知识转化为敢想敢做、想创会创的实践能力,这为国家民族兴旺发展提供着源源不断的动力。"实施素质教育,就是全面贯彻党的教育方针,以提高国民素质为根本宗旨,以培养学生的创新精神和实践能力为重点。"[1]因此,培养贫困学生的实践创新能力是智育的重要内容。

提升实践能力。大学生社会实践是高校人才培养的重要课程和必要环节,是第一课堂的有效延伸,是大学生全面发展的重要渠道和必由之路。

---

[1] 郑树山.中国教育年鉴:1999[M].北京:人民教育出版社,1999:1.

在学校教育管理中会发现，总有不少学生对于人生发展方向比较迷茫，而通过参加社会实践活动可以坚定其专业志向，能够不再疑惑自己所学的专业以后能干什么，能够感觉自己有价值、被需要，能够懂得学习和驾驶，从而找到人生的奋斗方向。对于家庭经济困难学生而言，实践能力的培养和锻炼更是能力脱贫的重要环节。为家庭经济困难学生提供良好的社会实践平台，并提供实践支持与指导，可以帮助其在深入基层中了解社会、体察国情，在实践锻炼中增长才干、提高能力，在奉献社会中升华情操、培养品格，在亲身经历中认识责任、明确目标，正确认识时代责任和历史使命，为学生点亮理想的灯、照亮前行的路，激励学生自觉把个人的理想追求融入国家和民族的事业中，勇做走在时代前列的奋进者、开拓者；正确认识远大抱负和脚踏实地，把远大抱负落实到实际行动中。

培养创新精神。党的十九大明确提出创新是引领国家发展的第一动力，是建设现代化经济体系的战略支撑。随着中国特色社会主义新时代对人才要求的不断提高，高校作为人才培养的高地，应根据新时代发展的方向以及对人才的需求，对原有的育人模式和育人内容进行创新以及改革。一般来说，创新精神是指一种人认识世界、改造世界的能力。从整体上看，大学生创新精神培养可以从两方面着手。首先，是创新意识的培养。创新意识是学生在日常学习生活中能够运用创新的角度来看待相关的事物，形成创新意识是培养学生创新精神的重要基础。在高校教育教学中，教师应当将培养学生创新精神融入人才培养全过程，从而使每个学生的创新意识和创新能力能够得到有效的提高。其次，是创新行为的养成。这是学生在日常生活中进行创新活动的重要动力和内在依据，当有了创新行为之后，学生的创新意识和创新能力会得到充分的调动。创新行为的养成对于提高知识和技能的学习效果具有推动作用。对于大学生而言，要注重组织或参与学习小组、学习团队研讨活动，通过参与模拟或真实的项目合作、任务分工，用自身特长开展学习，在研讨、分享、纠错、创新等过程中实现对知识和能力的自我发现和自我建构。

二、高校学生资助工作全方位"内容维度"的重要意义

体现高校立德树人的根本要求。培养什么人、怎样培养人、为谁培养人是事关党和国家前途命运的重大问题,也是我国社会主义教育事业发展必须解决好的根本问题。习近平总书记在全国教育大会上指出:我国是中国共产党领导的社会主义国家,这就决定了我们的教育必须把培养社会主义建设者和接班人作为根本任务,培养一代又一代拥护中国共产党领导和我国社会主义制度、立志为中国特色社会主义奋斗终生的有用人才。①这一论断进一步指明了新时代高校落实立德树人根本任务的方向。要培养中国特色社会主义的建设者和接班人,重中之重就是以德育筑牢精神之基础。青年学生正处于人生观、世界观、价值观形成和完善的关键时期,容易受到外界环境滋扰,因此高校更要落实立德树人根本要求,将理想信念教育全方位根治于资助育人全过程,引导学生牢固树立对中国特色社会主义的道路自信、理论自信、制度自信和文化自信,为贫寒学子的成长发展指引前行方向。

实现人才培养目标的必要手段。高质量人才是社会发展的宝贵资源,是先进生产力和先进文化的主要创造者和传播者,更是中国特色社会主义的有力建设者,是新时代中国实现"富起来"到"强起来"的精神动力和智力支持。高校要自觉地为国家重大战略提供人才储备,通过高质量人才培养工作,培养"德才兼备""又红又专"的高质量复合人才,培养出德智体美劳全面发展的社会主义建设者和接班人。在高校人才培养对象中,由于存在能力短板,家庭经济困难学生是一个需要予以特别关照的群体。高校学生资助工作不仅要解决学生求学问题,更要解决他们的成长成才问题,帮助其实现物质脱贫与能力脱贫、精神脱贫的统一。高校学生资助工作要把家庭经济困难学生的人才培养作为出发点和落脚点,坚持立德树

---

① 习近平.坚持中国特色社会主义教育发展道路 培养德智体美劳全面发展的社会主义建设者和接班人[EB/OL].[2021-03-01].http://www.xinhuanet.com/video/2018-09/12/c_129951878.htm.

人、重基础、重实践、重素质，不断加大教育投入，深化教育教学改革，努力推进素质教育，积极探索人才培养模式，改革新路径，改善薄弱环节，补齐教育短板，全面提升综合能力素养，将其锻造成有能力担负起中华民族伟大复兴中国梦的人才。

巩固脱贫攻坚成效的有力保障。教育扶贫是我国实现脱贫攻坚目标的重要举措。虽然我国已经实现脱贫攻坚目标，完成消除绝对贫困的艰巨任务，然而要解决发展不平衡不充分问题，缩小城乡区域发展差距，实现全体人民共同富裕，仍然使命在肩、任重道远。脱贫基础更加稳固，脱贫成效更可持续，是开启奋斗新征程的重要基础。当前，脱贫地区和脱贫人口发展基础仍然较为薄弱，部分脱贫人口存在返贫风险。尤其是对于现已脱贫但脱贫基础还不牢固的家庭而言，由于抗风险能力比较弱，如果其受教育子女未得到有效资助，则很可能发生因学返贫的情况，导致脱贫攻坚的成果无法得到有效巩固。在过渡期内，高校要继续保持对原建档立卡学生的资助不断线，这是当前我国扶贫工作提出的现实要求。高校可以对原建档立卡家庭学生实行全程跟踪监测，使他们得到全面受助与帮扶，确保没有一个原建档立卡家庭子女因未得到有效资助而返贫，要通过保障其子女接受教育、成长成才，为原建档立卡家庭筑牢摆脱贫困的根基。通过对贫困家庭学生提供资助与帮扶，能够让每个贫困家庭学生都能接受良好教育，提升能力素养、文化知识，也能"断穷根"，阻断贫困代际传递，为巩固拓展脱贫攻坚成果、实现乡村振兴目标提供强大的动力。

三、高校学生资助工作全方位"内容维度"的实践探索

创新有偿性育人模式，强化内外兼修。根据激励强化理论，家庭经济困难学生在得到助学金这种完全无偿性资助时不一定会珍视这份资助，也就不能有效激励其拼搏奋斗，但是如果需要通过自身努力才能获得奖励性资助，学生往往会非常珍惜并且能激励其向着更高更远的目标去奋斗。因此有偿性育人模式，旨在将无偿性资助向有偿性资助的转变，激发出家庭

经济困难学生自强不息的斗志和力量。倡导家庭经济困难学生积极参加社会志愿服务活动，为自己储蓄素质金币，储蓄到课程所需的数量，再兑换素质课程，全面提升综合素养。这种循环方式，既培养了他们"内在"的社会责任感和服务他人、回报社会的感恩意识，对于参加志愿服务活动的学生又给予了精神奖励，有效提升了家庭经济困难学生"外在"的综合素质和能力。通过"兑换"这种独特的形式为"内在"与"外在"功能的实现架起了沟通的桥梁，二者并不是简单相加，而是相互影响、彼此促进，真正帮助家庭经济困难学生内外兼修，最终实现资助育人、助学成才的目标。

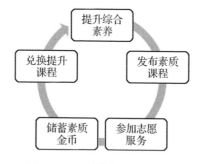

图3-3 有偿性资助育人模式

表3-2 有偿性资助育人模式管理流程

发布素质课程	以学生个人发展为出发点，针对家庭经济困难学生成长需要开设素质课程，帮助家庭经济困难学生全面提升综合素质
参加志愿服务	以素质课程作为奖励，倡导学生积极参加社会志愿服务等公益活动，以公益服务为起点，实现自助、互助、助人
储蓄素质金币	在学生参加各类志愿服务活动后提供工作凭证，学生上传凭证后，学校认证志愿服务时长并将其转化为学生的素质金币
兑换提升课程	学生通过积累志愿服务时长来储蓄素质金币，储蓄值达到心仪课程所需数量即可兑换相应课程，兑换课程后扣除学生相应素质金币
提升综合素质	学生兑换到素质课程后，根据课程要求和时间安排完成学习任务，学校在学习期间对学生的学习过程进行监督与考核

评估学生发展需求，调整供给侧育人结构。新时代青年是追梦者，也是圆梦人。追梦需要激情和理想，圆梦则需要练就真本领，掌握真技能。对于家庭经济困难学生来说，他们不仅有着自己的人生理想与抱负，更承担着改变家族命运、阻断贫困代际传递的重担。高校学生资助工作不仅要"输血"，更要"造血"，应以能力培养为目标，帮助家庭经济困难学生享有人生出彩和梦想成真的机会。一方面，要评估学生发展需要，根据社会发展形势需要和学生个人成长需求，不断优化调整资助育人供给，变成"学生需要提升什么能力，我们培养和供给什么"，而不再是"我们提供什么，学生就学习什么"，尽可能地丰富资助资源供给，满足学生成长发展需要，从而形成以"德智体美劳"为培养目标的资助育人结构。另一方面，为充分发挥资助育人力量，高校要整合育人资源，加强统筹规划。要实现五育并举，就要改变以往狭隘的资助育人方式，突破传统的资助边界和资助目标，从保障"没有一个学生因家庭经济困难而失学"，变为"家庭经济困难学生也能依靠自己的劳动与智慧创造美好生活"，着力提升育人覆盖面和按需育人水平。

优化课程学习体系，促进自我提升与发展。要全面提升家庭经济困难学生的能力素养，应以促进学生自我提升与发展为目标，不断优化课程体系。一是细化课程管理，促进沟通交流。为素质提升课程配备优质课代表，在课程正式开始前，对课代表进行工作培训，明确课代表管理职责。以课代表为课堂的管理者，充分发挥学生的自主性、积极性，营造更轻松有趣的课堂氛围；搭起老师和同学们的沟通桥梁，创造沟通有效、学习高效的课堂。课代表既是管理者也是学员，与其他学员共同探讨最佳授课形式和授课内容，不断提升课程质量。为更好激励课代表积极作为，对优秀课代表予以表彰和奖励。细化优秀课代表评选细则，以课堂管理、课后作业、学生评价等基础分和课堂创新程度等附加分，共同构成对课代表管理水平的综合评价，引导课代表在课堂上充分发挥主观积极性。二是打造专属舞台，促进学习成果。为帮助家庭经济困难学生搭建展示和提升自我的舞台，通过在舞台上展示，帮助学生巩固学习成果，进一步激励学生拓展自己的发展维度、发扬刻苦上进的精神，帮助家庭经济困难学生树立自信，成就出彩人生。舞台上鼓励学生表达自己，以所学内容创新节目形式；鼓励学生展示优秀作品，并将其制作成文创产品；邀请课程老师现场观看或同台演出，与同学们一起见证成长。三是延伸第二课堂，促进学习氛围。每个学员不仅是被管理者，也是实现温馨和谐课堂、创造良好学习环境的共同参与者。在学习的过程中，努力营造温暖向上的氛围，通过"学生—管理者—学生"的角色转变，凸显出学生的主体地位，实现学生的自我管理、自我服务，帮助学生形成健康积极、自信自强的人生态度。创新课堂形式，延伸正式课堂以外的练习空间，探索大家共同发展、共同进步的形式，引领同辈形成共同进步的氛围，促进学生之间互帮互助、共同进步的友谊。

高校学生资助工作的机制优化

运行机制是指构成某一事物的各要素之间通过一定的原则和机理所形成的该事物的运转方式和运行过程。于资助工作而言,工作机制主要是指影响资助精准度和育人实效性的各个要素及其相互关系,以及这些要素产生影响、发挥功能的作用过程。目前,在党和政府的重视和支持下,我国高校学生资助工作已经取得了显著成效:资助政策日臻完善,资金力度不断加大,资助成效不断显现,资助水平进一步提档升级,逐步建立起国家资助、学校奖助、社会捐助、学生自助四位一体的发展型资助体系。与此同时,社会的快速发展也要求资助工作的思路、方式、体系、格局不断革新,与时俱进。当然,快速发展过程中一些问题也随之凸显出来,如资助工作协同性不够,资助工作智慧化水平有待提高,资助成效反馈不明显等问题。针对这些问题,资助育人的工作机制还可以探索进一步优化。

基于此,本章立足现实发展,聚焦实践应用,探索高校资助工作的协同发展、智能演进、追踪反馈,从"一盘棋"协同育人、"一体化"智慧资助和"一张网"成长追踪三个维度提出了资助工作机制的优化建议,为解决现存的问题提供参考,也为将来资助工作的开展演进提供思路。

第一节 "一盘棋"协同育人机制

长期以来,在高校学生资助工作的实际开展中,较为注重资助的金额投入,以及资助的直观结果,即资金是否发到学生手中。随着"三全育人"综合改革的深入推进,资助工作中所起到的"育人"效果也愈发引起了社会和高校的广泛关注,对于资助工作的要求已远远不止停留在单一的物质化传递。以高校奖助学金评审程序为例,一般情况下按照学生班级民主评议→院系审核→校级审批→上报上级单位→校财务处经银行打入学生银行卡的流程,完成整个资助过程。这是一个多部门协同配合、资助信息上下交互的过程,就应该避免在学生层面,表现为申请资助,然后得到资助的单一物质传递。学校在奖助学金评选中,不仅要遵循公开、公平、公正的基本原则,更要着力于对受资助学生在政治、道德、法规、激励等价值领域的渗透和教育,真正发挥出资助的育人功能。这类机制还有很多优化空间,基于此,本节将从组织保障、责任健全、资助效能等方面探索构建"一盘棋"协同育人机制,进一步推进协同育人在资助工作中的提升和发展。

一、组织保障机制

学生资助工作具有主体多元、项目多元、内容多元等特征,不仅要重视对家庭经济困难学生物质需要的满足,确保没有一个学生因家庭经济困难而失学,还要对其进行思想引领、学业辅导、心理调适和能力培养。因此,高校加快构建和完善有利于学生资助工作高质量发展的组织保障机制是"一盘棋"协同育人机制的首要条件。

加快完善资助机构建设。资助育人是一项长期、系统、复杂的工程,要想做好资助育人工作,也不是一步到位、一蹴而就的,而是日积月累、循序渐进的。要运用战略思维,统筹规划,扎实推进,不断加快完善资助管理机构的专业化建设。一是成立独立管理机构。高校要探索学生资助机构的专业化和标准化建设,原则上按照在校全日制学生 2 500∶1 配备专职工作人员,确保专人专岗,明确资助机构的工作职责。二是经费保障充分。高校要提高政治站位,充分认识到资助工作的重要性,高度重视资助育人实践,设立资助专项工作经费,每年从事业收入中足额提取学生资助经费,保证学校资助工作的良好顺利开展。同时,学校要加强资助资金监管,严格执行国家财经法规和相关管理办法的规定,对资助资金实行分账核算,专款专用。三是平台搭建坚实。高校应设置学生资助机构服务大厅或"一站式"办事窗口,确保办公设施完善,大厅服务环境良好,为学生提供优质且高效的资助服务。同时为资助类社团学生提供活动室,为资助育人活动有序开展提供设施条件保障。除了完善实体平台,也要加强信息平台的建设。资助信息化平台、网站、公众号……都是学校宣传资助政策、发布资助工作通知、开展育人活动的重要渠道。学校要不断提升资助信息化的建设水平,实现"奖、助、贷、勤、补、免"业务一站式办理,让学生少跑路,让数据多跑路。

强化专业化资助工作队伍。一支专业化的资助工作队伍对于精准落实资助政策和把握资助育人丰富内涵来说至关重要。新时代高校要坚持不断加强资助工作队伍建设,加强资助工作者的专业化水平。一方面是加强系统化资助业务培训。资助业务培训不是一步到位的,而是一项科学的、长期的、系统的工程。既要坚持从上级文件学习、资助政策实务、资金正确使用、精准资助要求等方面开展培训,确保多元化资助政策体系扎实推进和落实,也要在典型宣传、育人有效模式、学生困难帮扶案例等方面加强学习,促进资助育人理念的落地生根。另一方面是加强资助工作理论研究。学生资助工作是一项多层次、全方位的系统工程。在现实工作开展中,资助工作者往往只注重实践与经验,而不善于从实践中研究和凝练出理论成果,一定程度上限制了学生资助工作不断向前推进;而资助理论研究人员在理论研究过程中又很少真正深入资助实践，对资助工作中的新问题了解不足，发生理论与实践脱节的情况。面对新的时代特点和实践要求，首先，高校应准确认识和把握学生资助中可能出现的新问题，以问题为导向，找到理论与实践的内在相关性，建立理论与实践的联动机制。其次，让资助的实践经验投射到理论研究之中，使资助理论更加深刻、生动、全面，以提升理论研究的应用价值。

二、责任健全机制

高校学生资助体系是落实资助政策制度与培养学生成长成才相融合的系统工程。根据《高校思想政治工作质量提升工程实施纲要》要求，"把'扶困'与'扶智'，'扶困'与'扶志'结合起来，建立国家资助、学校奖助、社会捐助、学生自助'四位一体'的发展型资助体系，构建物质帮助、道德浸润、能力拓展、精神激励有效融合的资助育人长效机制"。国家、地方、社会等往往作为资助政策和资金的提供者，高校担任具体实施者，在组织和开展各类资助活动、落实资助政策方面扮演着重要角色，是资助者与被资助者之间的中介纽带。不论学校领导层面、院系层面，还是学生个人层面，都是落实资助工作的组成部分，只有明确各资助主体的责任与分工，才能有效保障资助公平，促进资助真正发挥出育人的能效。可见，责任健全机制是"一盘棋"协同育人机制的关键支撑。

学校层面。学生资助工作是高校思想政治工作的重要内容，要做好学生资助工作，抓好"立德树人"根本任务，离不开学校党政领导的高度重视和大力支持，学校要落实资助育人主体责任，建立校党委统一领导、部门分工负责、全员协同参与的工作体系。首先，应成立学生资助工作领导小组，有效加强整合各领域、各环节、各方面的资助育人资源，融通全校的育人力量。小组应负责根据上级有关文件精神，研究建立符合学校实际的学生资助体系和相关制度办法；审定学生资助名单和家庭经济困难学生认定结果；监督资助资金的管理和使用，提高资助资金使用效益；探索资助育人工作的新思路新模式，构建物质帮助、道德浸润、能力拓展、精神激励有效融合的资助育人长效机制。其次，在学生资助工作领导小组的领导下，校党委学工部、学生处、党委研工部、研究生院、共青团委员会、教务处、财务处、总务处等部门应协同合作，加强资助育人合力。各职能部门都应将学生资助工作纳入本部门工作行列，主动担当作为，通力合作培养德、智、体、美、劳全面发展的社会主义建设者和接班人。

学院层面。学院是落实资助工作的基层单位，负责将各类各项资助政策落实落细。当前，精准资助和资助育人是高校学生资助工作的重点任务，落实精准资助是实现教育公平和社会公平的基本保障，资助育人是落实立德树人根本任务的必然。学院应该围绕精准资助和资助育人工作重点，根据学生的不同困难级别，科学执行学校相应级别的资助方案，在资助过程中，坚持"保障型资助"与"发展型资助"相结合，对家庭经济困难学生予以物质帮扶、道德浸润、能力培养、精神激励，促进家庭经济困难学生的全面发展。一方面，学院应相应成立资助管理工作组，应坚持"困难分级认定、资金统筹安排、学生分类资助、动态跟踪管理"原则，统筹好各项"奖、助、贷、勤、补、免"等资助工作，确保在资助工作中要做到公平、公正、公开，在资助项目申报过程，要实行公开申报、审核公示，确保资助工作的公开、透明。另一方面，提升辅导员在学生资助工作领域的专业度。辅导员负责具体开展家庭经济困难学生认定，落实奖学金、助学金、困难补助、勤工助学、学费减免、国家助学贷款、基层就业学费补偿贷款代偿、应征入伍服义务兵役学费补偿贷款代偿、退役士兵教育资助等资助政策。严格执行国家、学校的有关资助政策，严格评审流程，杜绝弄虚作假，保证资助工作精准有序开展。开展资助宣传和资助教育。资助活动要坚持资助与育人相结合，解决实际问题与解决思想问题相结合，做到物质上帮助学生，精神上培育学生，能力上锻炼学生，加强受助学生的励志教育、感恩教育、诚信教育。

学生层面。一方面，选聘家庭经济困难学生担任学生资助专员。资助专员成为学校、学院与同学们之间的桥梁纽带，畅通学校与学生沟通的渠道。同时资助专员也是家庭经济困难学生,有更强的共情能力,更能理解家庭经济困难学生的现实处境和面临的困难,更知道该怎么提供帮助、以何种方式帮助。资助专员是资助队伍力量的有力补充,在基层将每项资助政策落实落细。通过评选学校优秀资助专员,以评促进步,以奖激先进,发挥优秀资助专员的典型示范作用;开展资助政策、资助宣传、技能培训、心理赋能等系列主题培训,进一步加强资助专员的业务能力。资助专员在平凡的岗位上发光发亮,用奉献践行资助育人宗旨,用实际行动传递爱与温暖。另一方面,发挥学生骨干力量。学生骨干应主动关心和摸排家庭经济困难学生在学习和生活方面的实际困难,积极向学院反馈;负责对申请认定家庭经济困难的学生开展民主评议,初步提出本班各等级家庭经济困难学生名单,报学院资助工作组审核;做好班级同学的资助政策宣传,确保每位家庭经济困难学生都能了解资助政策;为家庭经济困难学生提供就业指导、心理帮扶、学业指导等多元化帮扶,开展资助育人活动,营造良好的资助育人氛围。

三、资助效能机制

十九大以来,以习近平新时代中国特色社会主义思想为指导,高校资助工作在制度上进一步健全,大力推进精准资助和助人育人相结合。对于暴露出的问题,通过优化资助资源配置、以评促建、以评促改等措施,可有效解决粗放式的资助思路和"大水漫灌"的资助方式导致的资助对象识别存在偏差、资助项目无法匹配需求等问题,强化对于家庭经济困难学生的"精准滴灌"、人文关怀、精神激励、能力培养等。因此,有效强化资助效能机制,是实现"一盘棋"协同育人的重要保障。

优化资助资源配置。近年来,党和国家不断加大资助力度,各项学生资助政策全面落实,2020年全年资助资金2 408.20亿元,资助学生14 617.50万人次[①],国家学生资助政策体系不断完善,学生资助保障水平不断提升。

---

① 中国学生资助发展报告(2020年)[EB/OL].[2021-09-16].http://www.xszz.cee.edu.cn/index.php/shows/70/7262.html.

尽管如此，资助资源的有限性以及人们日益增长的资助需求，高校学生资助资源的区域性、校际性差距明显等，仍是所有高校学生资助工作不得不面对的问题。因此，如何对有限的资助资源实现精准配置，主要考虑开源和节流两个方面。首先，不断强化社会力量在学生资助中的效力。2014—2019年高校学生资助数据显示：财政投入占比均超过60%以上，占主导地位；高校投入占比在20%以上，成为辅助来源；社会投入在2%左右。由此可见，在高校学生资助领域，社会投入的比例明显偏低，社会力量贡献较为薄弱，有较大提升空间[①]。因此，应不断完善高校学生资助的社会支持体系。畅通社会组织资助通道，实现社会力量与中央财政有效衔接、互补，形成合力，推动社会组织在高校学生资助中的规范化，防范社会资助中的风险；加强企业的社会服务意识，鼓励企业培训讲师走进校园，为大学生举办讲座，也鼓励学生走进企业，开展企业岗位体验活动，将组织资源以多维度多方式转换为学生的文化资本，不断强化社会力量在学生资助中的效力。其次，保证资助分配高效耦合于资助需求。具体而言，就是资源供给的内容、标准、时间都要准确匹配。资助供给内容不应仅仅局限于经济支持，更要根据不同需求予以智力、人文等多类资源的支持；资助供给的标准要根据学生实际困难情况、已获资助情况做出分配，既不能超出学校预算，也要精准满足学生需求；资助供给的时间也要根据学生可能产生困难的时间点，提前统筹规划，及时发放，为学生雪中送炭。

以评促建、以评促改。为了加强和促进教育公平及社会和谐，更好地帮助和促进大学生成人成才，国家自2007年以来，进一步加大了对学生资助工作的支持与管理力度。中央和省级教育行政部门制定实施学生资助工作评估办法，对高校学生资助工作进行系统化的考评，有效规范和加强了高校学生资助工作的实施，切实提升了高校学生资助工作的实施成效。高校既要做好上级教育管理部门对于学校的资助绩效考评工作，也要努力构

---

① 邹琳.脱贫攻坚背景下高校学生资助的功能定位、现实困境与实施路径研究[J].高教学刊，2021,7(26):6-9,14.

建对二级学院的资助绩效考评体系。

首先在完成上级教育管理部门资助绩效考评方面：一是要根据上级教育管理部门的考核指标，对学校学生资助管理工作进行客观评估，以督促自身资助工作的不断进步，保障家庭经济困难学生平等享受高等教育的权利，促使大学生资助政策充分发挥教育公平保障的激励功能。二是通过明确考核内容、考评指标和考评要求等，规范和加强自身学生资助工作，提出其建设标准与实施要求，通过考评而检查自身学生资助工作情况，掌握工作成绩与存在的问题，并获知和收集校内外学生对开展学生资助工作的意见与建议。

其次，在构建对二级学院的资助绩效考评体系方面：一是定性评估与定量考核相结合，资助工作中确有不少工作可以通过数据等量化指标而确定其性质及程度，但是也有不少育人工作难于通过量化的数据或指标而做出性质判断，所以采用定性评估与定量考核相结合的考评方法是较为适宜的。二是书面报告与现场核查相结合，书面报告二级学院开展学生资助工作的情况，既体现考评工作的规范性与严肃性，又可便捷与系统地掌握相关情况。现场核查二级学院学生资助工作的财务发放情况、公示考评结果等落实情况，则有利于加强掌握学院学生资助工作情况的真实性。三是坚持问卷调查与学生座谈相结合，通过对各学院受资助学生进行匿名问卷调查，可以了解学生对本学院的资助满意度和意见与建议，同时与受到资助学生和没受到资助学生座谈，可以了解受教育、被管理、获资助等各方对资助工作的想法及诉求等。四是选优树典经验推广，在各学院中深入发掘优秀的学生资助专员等资助工作者，以及励志成才的受资助学生典型，了解他们的成长轨迹，推广他们的经验做法，听取他们对于资助工作的建议，这对于资助效能的强化同样意义深刻。

第二节 "一体化"智慧资助机制

大数据时代的来临,为创新资助方式提供了新的理念和技术支持,也为高校利用大数据推进快速、便捷、高效、精准的资助工作带来了新的机遇。"智慧资助"指利用大数据挖掘与分析技术、数学建模理论探索精准识别的实现路径与方法,将传统的资助体系建设成更直观、更易于管理的"一体化"机制,是在现有学生资助工作体系上的一种新探索、新尝试。智慧资助通过对资助对象进行精准识别、对资助动态进行精准管理、对资助成效进行精准评价,使资助的过程和结果可视化、可量化、可优化,全面提升学生资助精准化水平。基于此,本节将从"一体化"智慧资助的角度,探索资助工作的新模式。

一、对象识别机制

精准识别受助对象是"一体化"智慧资助机制的决定性基础。目前,在每年的家庭经济困难生认定和各类助学金评审过程中,大多数高校仍采用传统的认定流程和资助模式,由学生本人提出申请,年级(专业)认定评议小组召开民主评议,通过对学生的面谈来了解其家庭情况,从而辨别他们是否拥有获得资助的资格并初步确定资助等级,公示无异议后上报学校学生资助管理机构审核,学校学生资助管理机构依据学生家庭情况和认定情况进行复审,并在全校范围内公示。从认定流程可以看出,尽管高校家庭经济困难学生认定工作公开透明、程序严谨,但在实际认定过程中仍存在许多问题。一是认定标准多样化。由于我国幅员辽阔,各地经济发展不平衡和消费结构的差异性,家庭经济困难学生的界定与认定标准存在差异。这严重困扰着高校学生资助工作的开展。二是认定材料可信度不高。学生本人提出申请，需要填写高等学校学生及家庭情况调查表，学生在填写调查表时主观性强、随意性大，可能出现谎报或瞒报家庭实际收入、家庭现状等学生个人及家庭实际情况，这对资助工作的真实性造成了影响。三是认定工作主观性强。在家庭经济困难生认定过程中，需要经过民主评议环节，通过面谈形式初步确定困难资格与困难等级，评议小组成员素质直接影响评定结果，这无法避免部分评议小组成员根据个人倾向或个人感情而忽视实际情况的发生。随着信息化水平的提升，大数据为时代发展提供新的契机，高校学生资助工作可通过大数据平台筛查学生信息，核定学生家庭实际情况，对受助学生进行精准识别，提高家庭经济困难学生认定的准确性。

分层建设智慧资助平台。在大数据背景下，要做好家庭经济困难生的精准识别，需要充分发挥大数据的优势。利用大数据技术的便捷性，简化资助工作内容，提高工作效率，全方位整合学生信息，立体化构建智慧资助"云"平台。精准识别资助对象，需要从社会各阶层入手，建立跨部门信息共享对比机制，实现学生、高校、社会、政府的有效衔接，建设一体化的高校学生资助相关数据资源标准化管理和综合性分析平台，为资助工作提供更加精准及时的数据支持和高效的工具应用，全面提升高校学生资助精准化水平。通过信息化建设实现资助工作的数字化、无纸化，资助管理的流程化、标准化，项目审核的规范化、透明化，不断推动学生资助工作转型升级。同时，建立数据授权使用和可信追溯机制，确保数据安全，确保学生及其家庭隐私和敏感数据在共享和使用过程中得到精准授权、全程留痕、充分保护，切实保障数据安全、有序、按需使用，避免威胁学生及其家庭个人信息安全和侵犯其隐私权。

推进大数据交互与共享。数据共享即信息共享，是大数据价值得以实现的基础。利用大数据实现精准资助，实质是通过大数据精准扶贫云系统，有效解决当前资助工作中数据不通、数据不准等问题，切实提高精准资助的效率，打通各部门之间的数据屏障，让碎片化信息得到有效整合。

只有充分整合信息、共享信息，才能有效挖掘价值。因此，有关部门要加强沟通和协调，共同推进学生家庭经济状况有关数据的共享，保障数据供给与合法开放共享，辅助各地、各高校安全便捷地捕获能够反映学生家庭经济状况的数据信息。一方面，高校各职能部门之间要实现数据共享，建设以"大数据交互与共享"和"资助数据分析与展示"为主要功能的学生资助工作信息化平台，平台关联校内学工、教务、总务等多个职能部门的业务系统，充分整合家庭经济困难生日常消费数据以及奖、助、贷、勤、补、免等情况。同时，还要注意制定严密翔实的制度规范，防止个人数据及学生隐私的泄露。另一方面，首先要打通与人口、低保、扶贫等地方政府部门之间的信息孤岛，建立信息共享机制，兼顾不同省区市收入差异问题，为高校了解学生家庭经济真实情况提供数据支持。其次，要与企事业单位之间有效共享数据。随着支付方式的明显转变，支付宝和微信消费成为主要的支付方式。通过利用多方支付数据，可以准确掌握困难生的消费情况和消费标准，以有效识别"伪贫困"现象。最后，要与医疗系统实现信息共享。通过系统准确识别突发重大疾病的家庭以及那些长期需要大额医药费开支的家庭，识别后再予以有效资助与帮扶。

制定科学的认定指标体系。首先，在贯彻落实相关认定办法的基础上，对学生家庭状况、在校消费情况等数据进行综合分析，丰富维度参数，细化权重占比，建立适合本地本校的家庭经济困难学生量化认定指标体系。运用大数据技术，全面分析学生的家庭经济现状、学生本人情况以及家庭突发状况等因素，依据体系数据准确赋值，定量评估学生情况，并根据贫困系数划分为特别困难、困难、一般困难、不困难四个级别。其次，将系统认定与实地家访相结合。认定家庭经济困难学生要从客观实际出发，以学生家庭经济状况为主要认定依据，通过多种渠道全面了解、核查家庭经济困难学生的真实情况。通过承诺审核、疑点排查、数据验证、家访核实的方式确保家庭经济困难学生认定结果的真实性：承诺审核——个人承诺、班级认定评议小组根据平时对该生的生活了解对调查表内容审核并签字；疑点排查——对认定系统中出现的明显与家庭经济困难学生家庭情况不相符的情形通过面谈一一核实,从而使数据真实性得到保障;数据验证——将学生家庭情况、校内消费数据与认定情况做对比验证;家访核实——在寒暑假开展家庭经济困难学生家访工作以了解学生家庭真实情况,如发现存在虚假证明等情况,及时开展思想教育。通过科学化、动态化、真实性的机制构建,真正做到"应助尽助""需助必助"。

二、动态管理机制

精准匹配是保证"一体化"智慧资助机制顺利开展的重要步骤。长期以来,由于对家庭经济困难学生的真实信息掌控不够全面、不够准确,资助项目、资金、名额分配主要依据各学校、学院、年级学生总人数情况进行下拨。这种分配机制很大程度上会造成分配不均衡,因而缺乏科学性和精准性。因此学校在进行资助项目、名额分配时,应根据不同学科专业特点、家庭经济困难学生人数和困难程度,全盘考虑,统筹规划。此外,每个学生因所在地区发展水平、家庭环境、成长过程、致贫原因等因素的不同,资助需求也不尽相同。所以,学校要针对不同学生的家庭经济困难情况,掌握家庭经济困难学生的实际需求,匹配相应的资助方式,真正实现精准资助。

动态监测学生资助情况。在准确、全面掌握学生个人及其家庭情况的基础上,利用大数据平台的优势,建立家庭经济困难生动态监管模式,对家庭经济困难学生的家庭状况、健康状态、突发情况等多种信息实时更新,在数据管理更新中进行动态检测与跟踪,在动态监测中进行精准匹配,对因家庭成员突发疾病或是遭受自然灾害致贫的学生,要及时更新系统数据,并对致贫学生提供精准帮扶。同时,学校资助管理部门应及时收集受助学生的家庭经济变化、日常消费、勤工助学等数据,对获得资助却有奢侈消费的学生及时开展思想教育,对于未被认定经济困难却在预警边缘的学生及时关注其生活和心理状态。利用大数据分析对家庭经济困难学生进行全方位画像,量身定制资助方案,让有限的资源能更加精准地用在真正需要帮扶的同学身上，从而实现对家庭经济困难学生的精准资助、精准育人和精准评估。

强化数据信息意识。大数据时代，学生资助工作者应当树立数据信息理念，数据不仅是狭义上的数字，更是具有一定意义的信息，在对数据加工整理的基础上整合成的信息。一直以来，资助认定工作是认定评议小组通过面谈和学生个人情况来进行初级评定，现在要通过大数据去预测、挖掘学生潜在需求并分析数据背后学生的一系列行为痕迹。例如，校园"一卡通"可以记录学生在食堂、超市等校园内的消费情况，这些消费行为以数据的形式被记录下来。这些海量数据在一定程度上反映了学生个人的消费习惯与消费能力，通过数据整合提炼出的信息更加有说服力，比人的主观判断更加客观。大数据对高校资助工作的价值主要体现在，可以增强家庭经济困难生认定的准确性和科学性。运用云数据计算的分布式处理和数据库、云存储、虚拟化技术以及海量数据进行数据价值的挖掘，准确、快速、实时地筛选出真正的经济困难群体。高校资助工作者基于对学生家庭收入、家庭成员健康状态、食堂和超市消费情况等海量数据的动态分析和深入挖掘，不仅可以高效、准确地筛选出真正的家庭经济困难群体，而且还可以针对学生的个人实际情况开展个性化的帮扶，从而极大地提高资助的精准性与公平性。

探索隐形资助。此前，按照一些高校的规定，家庭经济困难生在申请资助时，不仅要提交资助申请，还要开具各种材料证明，这不仅流程烦琐，效率低下，还可能产生造假。基于此，2016年12月30日教育部发布的《教育部办公厅关于进一步加强和规范高校家庭经济困难学生认定工作的通知》就指出，要精准分配资金名额，明确重点受助学生，这其中就包括采用隐性的方式，避免大张旗鼓地开展家庭经济困难学生认定。利用大数据"隐形资助"学生，既可以解决一些家庭经济困难学生生活上的压力，又可以保护他们的隐私，维护他们的尊严。这与高校传统的资助方式相比，最大的特点就是利用大数据技术分析，在资助公平和学生尊严之间找到了平衡，既充满人性，又精准高效。正是因为大数据"隐形资助"的优势和特点，不少大学其实已经悄悄地告别传统的资助方式，例如，南京理工大学，研究学生校园一卡通消费数据，如果一个学生每月在食堂吃饭60次以上，平均一顿都不到7元，就给学生的饭卡打钱，保证学生每顿饭能吃饱。中国科学技术大学，同样是研究学生的一卡通消费情况，如果一个学生每月在食堂吃饭60次以上，但是消费总额还不到240元的，他们就一次性打160元到学生卡内。西安电子科技大学以学生每月在食堂吃饭60次以上、每天吃饭低于平均值8元等筛选标准，大概勾画出学生们的经济情况[1]。显然，通过数据采集分析学生日常的消费情况，再辅助以严谨的评判标准，与传统的提交材料证明等方式相比，更具有精准度，可以最大限度地实现对家庭经济困难生的资助公平，打破了原先资助资源"按比例""一刀切"的分配模式。

三、成效评价机制

精准评价是"一体化"智慧资助机制的保障环节。精准评价是对精准资助的客观评价，反映的是高校资助工作的效果，是资助社会价值的直接体现，彰显教育公平的主要评价结果，体现教育公平。传统形式上，高校对于资助成效的评价以资助部门政策落实情况和资金发放情况为主，属于单方面的"自我评价"。因手段的单一和信息的局限，很难做到面向资助对象精准到人，因人施策。精准资助的评价，应当是建立在精准数据资源基础上的精准评价。所以，对于高校精准资助成效评价而言，所谓精准、"一生一策"，即是对受资助大学生的生活和学习状态、未来期望和愿景进行科学的数据分析和生涯规划，描绘出成长路径和所需资源，并为其提供相应的有效资助，大幅提升资助金的使用效率。对此，大数据技术具有得天独厚的优势，尤其是在信息采集和分析优势方面。大数据技术作为互联网革命的重要成果之一，已深入现代社会的方方面面，并在一定程度上深刻

---

[1] 樊雪峰.大数据助力高校帮扶工作实现资助精准化、智能化、人性化[J].网信军民融合，2021(11):25.

地改变了人们的生活行为习惯。从大数据的观点来看，高校不仅仅是知识和师生的汇聚中心，更是数据的生产、传输和发散中心。在各项大数据技术和算法已日臻完善并得到广泛运用的背景下，各级政府和高校将大数据与贫困大学生资助结合起来，不仅仅可以对资助对象进行精准识别，更可以根据其特点和生活、学习状况精准判定资助需求，精准给予资助成效评价，精准提出对应的资助形式。因此，当前条件下，依托大数据技术围绕贫困大学生构建成长数据链条和评价机制的时机已然成熟，也是各高校开展资助工作的一大方向。

规范资助成效评价标准。高校学生工作管理大数据化是大势所趋，确立大数据标准化的资助评价体系，也是构建"一体化"智慧资助机制建设的重要内容。大数据挖掘的重点是客观内容数据和行为轨迹数据，这两个维度覆盖面较为全面，既有静态数据又涉及动态数据。在资助成效评价因素的构建中，也应遵循大数据的全面性特点，将构建因素分为静态和动态两个维度。一方面是依据受资助学生家庭经济困难认定的实际情况，初步构建出具有科学性、普遍性、代表性的静态资助评价因素，基于"奖、助、贷、勤、免、补"等多样化助学途径选择，可以初步判断学生对于各类资助政策的需求情况、享受情况，以及通过在校学习情况、生活情况、消费水平等，大致判断资助工作的精准性。另一方面，受资助学生的动态属性在资助成效评价体系中起到至关重要的作用。为保证高校资助精准化，需要资助部门定期观测受资助学生的在校表现、家庭成员健康状况变化、生源地经济发展变化、家庭收入变化等重要指标，全面掌握学生真实的家庭经济状况，再进行人工与大数据交叉复核，不断调整精准资助手段。在为学生提供个性化服务的同时，还可以预测出学生的思想动态以及客观问题。同时，资助工作者必须明白：大数据只是一个对数量巨大、来源分散、格式多样的数据进行采集、存储和关联分析的新一代信息技术，只是作为资助评价决策的依据，至于数据达到何种标准可视为精准资助工作，对精准资助过程运行情况进行监测所获得的数据应该如何运用，如何研判精准资助工作的"病情"，这些都是人为主观性可界定的标准，并不是本身所具有的客观性标准,那么这个标准应定在哪里,定多高,都会涉及精准资助工作的个体利益。保障精准资助工作个人利益就是权衡这些问题的核心考量。

健全资助成效评价体系。就大数据的特征而言,其运用于健全资助成效评价体系具有较大的优越性和先进性。一是大数据的全过程性[①]。对于资助工作而言,大数据库的建立可以覆盖受资助学生整个大学生涯。从学生进校起,其学习和行为动态就可以被纳入资助工作视野,甚至可以通过与当地政府各部门的协调,把孤儿、残疾学生等特殊困难群体进校前的状况纳入数据体系之中,为该群体提供更精准的管理和服务奠定基础。直到学生毕业走出校门,甚至对于特殊群体在毕业后也可以进行追踪(第三节详细讲到),对于资助成效进行评价反馈。这样全过程的智慧资助体系是传统手段难以做到的。二是大数据的强互证性。在"一体化"智慧资助机制中,大数据各个子系统和各个时间段的互证关系,不仅可以有效监控资助资金的落实和使用情况,更可以对各项数据进行分析对比,进行深入的全新解读,获得很多依照常规方式难以得到的结论和动态。如通过对在校生食堂消费数据的分析掌握学生一个时间段的经济状况,通过对回寝时间的数据分析可以了解学生一段时间的学习和勤工俭学情况等。强互证性是大数据具有科学性的基础,也是解决传统手段中数据"孤岛"问题的有力手段,该特性运用于资助工作同样意义重大。三是大数据的全方位性。在一定程度上,万事万物都是以数据形式被记录和解读的,所以,大数据几乎就是包罗万象的。就资助工作而言,大数据的应用从数据入手,将学生成长的方方面面纳入其中,并由此延伸到学校教育教学的全流程和全领域,从而真正形成以学生成长为中心的新时代资助育人工作评价体系,同时也能让政府和高校管理者实时监控资助效果,及时调整资助方案,为资助育人工作的改进和发展给予全方位的客观公正的指导。

---

① 宋莉.贫困大学生资助评价的大数据运用前景探究[J].智库时代,2018(44):129-130.

第三节 "一张网"成长追踪机制

在"三全育人"视域下,高校资助育人工作要以全过程陪伴、全方位支持为特征,围绕育人全流程,精心设计教育项目。抓住多维度的培养环节,从招考宣传、新生录取、入学教育、专业学习、班级建设、公寓文化、志愿服务、实习实践、创新创造、毕业活动等方面,最大限度丰富受资助学生的生活体验,积极构建促进学生发展的"一张网"。在学业、生活、心理、健康、就业等多个角度建立成长追踪机制,确保针对家庭经济困难学生群体特点设计的问题解决方案有用、有效。同时,也要引导家庭经济困难学生开启由受助到自助再到助人的主动成长过程,发挥他们艰苦奋斗、乐于奉献的精神品质,实现真正的全面发展。基于此,本节将探索从学生入学前资助政策宣传、入学后发展培养、毕业后感恩反哺等方面,构建起"一张网"成长追踪机制,助力高校资助育人工作的长效发展。

一、政策宣传机制

新形势对高校资助育人工作提出了新要求,新发展阶段高校资助育人工作要在做好底线保障基础上,全方位地推进高标引领,明确新的发展定位和目标。每年开学季,家庭经济困难学生能否顺利入学是社会关注的热点之一。在高校学生资助体系中,应将学生入学前的需求提前一步纳入保障范围,提早掌握家庭经济困难新生入学前情况,有助于高校进一步做好家庭经济困难新生入学资助工作,及时解决困难,落实国家政策,回应社会关切,解除家庭经济困难学生的后顾之忧,确保每位家庭经济困难学生都能顺利入学并安心完成学业。

关心关爱，从家开始。教育部、财政部要求各高校做好学生入学前资助政策宣传工作，在发放新生录取通知书时，必须附带相关学生资助政策介绍资料。新生报到前期，高校要高度重视学生资助宣传工作，上下联动、整体推进，宣传国家教育资助政策体系，提高学生家长对政策的知晓率，达到应知尽知、应助尽助的要求，实现宣传到户、资助到人的目标，促进教育公平，营造和谐教育氛围。要"提前一公里"了解学生家庭经济情况，重点关照入学有困难的学生，全面做好国家和学校资助政策宣传与落实工作。通过暑期 24 小时开通资助热线电话，解答家庭经济困难学生疑问；通过多媒体平台，解读学生资助政策；组织"学生资助宣传大使"走进田间地头，开展政策宣讲。目前全国已有多所高校在暑假开展困难学生家访工作，主要是组织教师、辅导员或学生志愿者对家庭经济困难学生进行家庭走访。入学前家访，一是全面掌握新生家庭经济情况，让新生资助更加精准、及时、个性化；二是帮助新生和家长全方位了解国家资助政策，放下心理负担，无忧入学；三是传承大学精神和大学文化，增强新生对学校的认同感。学校资助中心也要加强与困难地区市、县级学生资助管理中心的联络，对部分家庭经济困难学生进行摸底了解，调研生源地贷款办理流程和管理办法、建档立卡情况，共同探讨在"家校联动"基础上物质、精神资助及人才培养等方面的创新举措。对于各地暑期重大自然灾害情况，学校应第一时间启动紧急救助机制，与受灾地区学生取得沟通和联系，做好受灾新生家庭的应急补助工作，保障学生能够按时报到、安心入学，确保不让一个学生因家庭经济困难而失学。

招生宣传，密切联动。高校的招生宣传是对外文化表达、形象推介的一个窗口，更是面向考生和家长进行宣传展示的平台，是高校立德树人的起始点。招生季，高校会组建专业队伍，整合学校资源，投入大量精力，进行一系列招生宣传活动，这也是资助政策宣传的关键时期和重要平台。高校应充分把握走进高中、走近新生的机会，及时动员招生宣传团队进行对于国家助学贷款、绿色通道等政策的宣传，及时回应新生当前顾虑。也可以面向老生举行类似资助"开学第一课"活动，对活动的时间、内容、形式、组织管理等方面周密安排，认真组织，切实地举办学生感兴趣、学生能掌握、学生好运用的资助宣传。同时也要坚持推进学生资助宣传工作的信息化和网络化建设，通过学院招生网站、微信公众号、微博等网络平台定期发布资助政策信息和动态。校园中文化宣传的主阵地也要加以运用，利用新生入学、老生开学等重要时间节点，结合本校实际，围绕某些主题，专项宣传，专月宣传，形成好经验、好做法。将资助政策宣传作为招生宣传工作的重要一环，密切联动，可以帮助新生扣好入学前的第一颗"扣子"，展示学校暖心举措，彰显学校人文关怀，提高学生的归属感和信任感。

多维宣传，不留盲点。高校要采用线上线下相结合的方式，利用新媒体，研究新方法，打造新模式，多措并举开展资助宣传工作，不断提升资助政策宣传水平，制定符合学校及学生实际的、切实可行的资助政策多维宣传方案和体系，消除宣传死角和盲点。一是抓时机、抓重点，针对性普及资助政策。对特定的时间节点、特定的受助学生家庭及资助过程中遇到的特殊情况，进行有计划、有针对性的宣传。鼓励学生和家长访问学校资助网站，详细了解资助政策，并开通资助热线，实时解答疑问，夯实资助基础。加大对偏远地区、少数民族地区的宣传力度，安排队伍走访，关注当地对资助政策的知晓度，因地制宜做好宣传工作，确保资助信息准确详尽传达。另外，时刻注意社情舆论，当涉嫌诈骗等违法犯罪活动出现时，及时在各个平台发出预警，提醒广大学生在利益陷阱面前提高警惕，防止学生受骗。二是面对面、心连心、零距离讲解资助政策。努力做到家喻户晓，让家庭经济困难学生感受到党和国家的深切关怀。一方面，加强资助宣传队伍建设。选拔上一年受助的优秀学生代表担任资助信息员，资助信息员经过培训后，在每年的奖助评选期间深入院系班级，宣讲国家奖助、资助政策，同时指导奖助申请手续办理和具体表格填写办法。另一方面，扩展资助宣传形式。高校要创新资助宣传形式，组织开展经济困难学生家庭实地走访活动。在每年寒暑假前对全校教师提前进行学生资助政策的讲解和培训，组成宣传队伍，走进社区街道，深入学生家庭，入户宣讲，消除盲点。面对问题耐心答疑解惑，做好连接家庭与学校的纽带，促进国家资助政策的贯彻落实。

二、育人成长机制

新发展阶段高校要坚持落实"立德树人"的根本任务，将思想政治工作作为生命线，矢志培养德、智、体、美、劳全面发展的社会主义建设者和接班人。进入新发展阶段，面对新的目标和新的挑战，高校资助育人应当与时俱进，优化资助育人成效机制，要以培养时代新人为总目标，促进学生全面发展为子目标，将工作重心由"资助"向"育人"深度转变，找准担当新使命的新路径。

奖学引航，激励学子追求卓越。奖学金制度是高校激励机制中不可或缺的一部分，也是资助体系的重要一环。由于新时期高校奖学金的设立和运行涉及多重主体之间的互动，所以奖学金所承载的功能也发生了延伸和拓展，呈现出多维向度的特征。一是激励功能。奖学金制度以资金奖励的形式有效激励着学生的学习成长积极性、主动性、自觉性。尤其是对于学习发展动机的激发，更是奖学金运行的核心激励功能。奖项根据学生的学习成果、社会工作等综合表现，给予不同等级的奖励，以促进学生进一步挖掘潜力，取得最优的学业和工作表现。奖励的行为虽然是短暂性、有针对性的，但是激励的功能却能持续性地发挥作用。二是资助功能。奖学金最终的奖励结果是由设奖主体将资金无偿资助给获奖学生，所以资助是奖学金运行的直观表现，也是其基础性功能。学生一开始对奖学金项目的关注也源于获得资金奖励的追求，获得奖金为学生开展学习实践活动提供物质支持的同时也为优秀的家庭经济困难的学生带来了生活保障。三是评价功能。奖学金的发放以学生在学习、科研、实践、道德等方面的努力过程和综合表现为优选依据。奖学金为学校和社会评价学生的能力素养提供了一种间接的评价指标。同时，申报参评奖学金，也是学生对其在校期间的综合表现的一种自我总结和评价。可以说，奖学金制度与考试评价系统、荣誉授予体系等共同构成学生的多维评价体系。四是引导功能。奖学金的评定过程需综合考量学生在德、智、体、美、劳等多方面的发展状况，尤其涉及对学生的思想观念、道德品行、社会责任等要素的评价。通过奖学金的设立助力学校对学生进行价值引领、行为调节等[1]。

　　赋能强心，搭建能力提升平台。扶贫也要扶智，高校资助育人工作要从根本上阻断贫困代际传播，就要高度把握对家庭经济困难学生的"长远之助"，即通过搭建各类发展平台，激发家庭经济困难学生全面发展的内生动力，促进他们的才智能力与新发展阶段的社会发展需求相匹配。授人以鱼，更要授人以渔。学习能力、创新能力和职业素养是家庭经济困难学生未来长远发展的基础，因此也是高校资助育人促进学生能力发展的重要立足点。在学习能力培养方面，高校一方面可以设立专属的助力基金，对家庭经济困难学生参与资格认证考试、各类竞赛、出国出境研修等活动进行经济资助；另一方面，也可以在校内组织专家教授、青年教师、优秀学生等开展公益讲座，与定点校外机构进行公益性授课合作，让家庭经济困难学生以最小的经济代价获取外语、竞赛、考证等拓展性学习的指导。在创新能力培养方面，高校资助管理部门要主动争取科研部门、教务部门等对家庭经济困难学生参与科创实践项目的激励与保障政策，并提供有针对性的技能辅导，让家庭经济困难学生想参与、能参与、有收获。此外，要拓展社会企业资助内容，探索将校企联合研发创新实践项目作为社会发展型资助的形式之一，让家庭经济困难学生在创新实践中获报酬、长才干。针对有创业意向的家庭经济困难学生，高校要在现有政策体系下向家庭经济困难学生倾斜，给予其资金政策保障以及创新创业指导。同时，积极联动校友资源和社会支持，邀请创业校友榜样、资深创客来校分享创业故事，为家庭经济困难学生创业精准把脉，帮助他们找准并走好适合自己的创业之路。在职业能力培养方面，高校要形成分阶段、成系统的职业能力

---

[1] 王俊.我国高校奖学金制度运行研究：以激励为核心的合作育人视角[J].思想理论教育，2018(10)：95-102.

培养体系。在入学之初及低年级学段,要有针对性地引导家庭经济困难学生进行全面的自我分析与定位,从个人理想、家庭所需、行业机遇、国家发展等方面做好职业生涯规划,明确目标,制订计划。在学生专业学习的深度有所进展的阶段,高校要积极拓展和整合校内外资源,为家庭经济困难学生争取和创造更多与专业相匹配的实习实践岗位。在高年级学段,要面向家庭经济困难学生有针对性地开展求职技能和职业素养专题培训。家庭经济困难学生往往在简历制作、面试表达、求职渠道等方面存在弱势,高校要通过"求职训练营""一对一"就业帮扶等形式,帮助家庭经济困难学生补齐短板,打好求职就业、职业发展这场硬仗。

价值引导,陶铸自立自强人格。扶贫也要扶志,高校要注重培育家庭经济困难学生诚信感恩、励志自强的精神。诚信是社会主义核心价值观的重要内容,是为人处世的立身之本,也是贯穿资助育人全过程的总体要求。高校要把握家庭经济困难学生认定与助学贷款办理的契机,开展一系列诚信品质、契约精神主题教育。比如,在学生申报家庭经济困难认定时,组织学生签订诚信承诺书。在宣讲助学贷款政策时,不仅要向学生详细讲述助学贷款的性质以及违约所产生的法律后果,还要讲清助学贷款的意义以及违约给本人、学校和社会带来的影响,同时也可以结合过往受助学生中的诚信榜样人物与典型事例,引领学生树牢诚实守信的品格。高校资助育人工作要注重引领受助学生坚定立志报国、回馈社会的信念。在奖助学金评定、助学贷款办理等环节,通过征文、班会、辅导员月讲评、线上线下宣传展示等形式,广泛宣传各类资助政策,引导学生感知国家、社会、学校的关爱与期望,勉励学生知恩感恩、成才回报、传递爱心。组织受助学生积极参与基层调研、志愿服务、山区支教等社会实践活动,引领学生主动感恩回馈、服务社会,形成从受助到自助再到助人的良性循环。"励志自强"是扶困与扶志相结合最直观的体现。高校资助育人要将榜样育人作为重要抓手,以评优评奖公开答辩,"自强标兵""励志之星"等评选为契机,通过表彰典礼、优秀学生事迹宣讲会、"榜样对话"等形式,激励学生学榜样、做榜样,见贤思齐、励志成才,让励志教育不仅带给家庭经济困难学生精神激励，更在校园内营造积极向上的励志奋斗文化。在择业就业时，鼓励学生在练就过硬本领的基础上饮水思源，到基层去、到一线去，主动投身乡村振兴等国家战略之中，将"小我"融入"大我"，将个人理想与民族复兴的中国梦紧密结合，让青春在为祖国、为人民、为民族、为人类的奉献中绽放绚丽之花①。

三、感恩反哺机制

回访毕业学生，彰显资助成效。"一张网"成长追踪要求对学生毕业后的发展情况给予跟进，特别是对于家庭经济困难学生更要高度关切。毕业生追踪回访工作有利于加强学校教育、家庭教育和社会教育的合力，是检验资助工作公平、公正的有效办法，也是彰显资助育人成效的良好途径。对于受资助学生的毕业回访，一方面，可以有效发挥激励作用，榜样的力量是无穷的，同龄人更容易接受和模仿。回访受资助毕业学生，发掘他们的奋斗经历与励志故事，邀请他们返校开展宣讲活动，传授朋辈经验，充分发挥感召力与示范作用，用自身经历传播希望与温暖，搭建榜样示范平台，鼓励学生不负奖助学金背后蕴含的殷殷期望，引导学生追求卓越。这样的举措使得资助政策宣传更加直观有效、全面深入。另一方面，通过深入追踪受资助学生毕业发展情况，分析记录国家资助政策和"奖、助、贷、勤、免、补"资助机制对于学生读书期间产生的帮助，以及毕业工作中产生的影响，可以提高资助工作的针对性和实效性，促进学校教育、家庭教育和社会教育有机结合，进一步明确资助工作的亮点和不足，彰显成效，填补空缺，完善资助体系，确保资助效果。

畅通助学渠道，倡导感恩反哺。经过多年的运行和实践，高校已逐步形成了以政府为主导、以学校和社会资助为重要补充的资助格局。那么，进一步做好大学生精准资助工作，除了依靠党和国家的各项资助政策外，

---

① 中国学生资助发展报告（2020 年）[EB/OL].［2021-09-16］. http://www.xszz.cee.edu.cn/index.php/shows/70/7262.html.

还应该挖掘优秀、丰富的校友资源和社会力量，大力发挥校友在加强和提升大学生精准资助工作中的重要作用。高校在学生资助工作中，要注重对于家庭经济困难学生感恩意识的教育。即使学生毕业，也要尽可能加强联系，激发上学期间受过资助的校友的"反哺"精神，凝聚双方的情感纽带。优秀校友中，有很多来自贫困家庭，他们大学期间也曾受过国家、母校、社会的帮助，与现在的贫困学子有着十分类似的经历，很容易饮水思源，产生情感共鸣，这些校友更愿意向贫困学子伸出援助之手，"反哺"母校精准资助工作。另外，贫困学子们在获得资助的同时也会以这些优秀的校友为榜样，自立自强，学会感恩，传递助人精神。因而，学校要积极搭建资助帮扶平台，加大宣传力度，凝聚校友力量，将宝贵的校友资源"源源不断"地整合到精准资助工作中。同时发挥他们润物细无声的榜样影响力，引导贫困学子从心态上、从物质上的受助者向精神上的资助者转变，自发抵制"伪贫困生"现象，并提升他们的感恩和回报意识，成为校友资源的良好延续①。

---

① 周颖,吕冬云.高校推动校友助力大学生精准资助的路径研究：以南通大学纺织服装学院为例[J].黑龙江教育学院学报,2019,38(8)：151-153.

高校学生资助工作的未来发展

党的十八大以来,学生资助取得了显著成效,随着保障型资助政策体系的建立和完善,"不让一个学生因家庭经济困难而失学"的庄严承诺已经实现。贫困的内涵也发生较大改变。每个时代都有特定的情况和境地,每个时代也有特殊的责任和使命。随着我国脱贫攻坚取得全面胜利,学生资助工作也面临着重要的转型机遇,学生资助工作的时代使命也由助力脱贫攻坚转变为促进乡村振兴。研究学生资助工作,要把握新时代背景下面临的机遇和挑战。全面认识新时代对高校学生资助工作的现实影响、找准新的发展方向,进一步推动新时代高校学生资助的创新发展,是每一个高校学生资助工作者需要认真思考并积极应对的发展问题。因此,本章以资助理论为指导,以高校资助实践探索为论证,围绕思想政治教育、大数据技术、一站式社区、劳动教育、常态化疫情防控等重点内容,积极探索学生资助工作的未来发展,旨在为实现精准资助和资助育人工作目标提供未来发展思路。

第一节　高校学生资助与思政教育相结合

思想政治教育工作是高校各项工作的生命线。习近平总书记强调:"要高度重视对青年一代的思想政治工作,完善思想政治工作体系,不断创新思想政治工作内容和形式。"高校作为培养社会主义建设者和接班人的重要阵地,要把思想政治工作贯穿教育教学全过程,推动思想政治工作高质量发展。同时,学生资助作为高等教育的重要组成部分,应与思政教育工作紧密结合。在大思政格局下,高校在落实学生资助工作的过程中,要抓牢抓好学生的思想政治教育,融通学生资助与思政教育的高校人才培养模式,积极探索高校学生资助工作的创新发展路径。

一、时代境遇

教育事关国家发展,事关民族未来。要培养中国特色社会主义的建设者和接班人,最关键就是要与国家、人民有共同的信仰,因此高校的发展重中之重就是要以坚定的理想信念筑牢精神根基。然而,在现代经济全球化与世界多极化的今天,各种各样的外来思想与文化涌入国内,影响着高校学生的思想与行为,在部分外来劣质文化的影响下,学生很容易产生错误的价值判断与选择。因此,高校资助工作在不断促进教育公平的基础上,应充分整合思想政治教育资源,培养学生坚定的理想信念,帮助他们树立正确的人生观、价值观、世界观。学生具备正确的价值追求,方能自觉抵制外来劣质文化的侵袭并实现自身的全面发展。

党的十八大以来,我国全面加强党对教育工作的领导,坚持立德树人,加强学校思想教育工作,取得积极成效。下一阶段,我们要在落实立德树人根本任务进程中强化政治引领,培养未来能够担当中国特色社会主义现代化强国建设重任的国之栋梁,完成历史赋予教育工作者的职责使命。思政教育是一种指导人们形成正确思想行为的教育,近年来,高校学生资助工作也处于保障型资助向发展型资助演变的转型期,在这一过程中,将学生资助与思政教育相结合正是应该探索的方向。2018年5月教育部提出了"三全育人"教育改革,坚持把立德树人融入思想道德教育、文化知识教育、社会实践教育各环节。在"三全育人"思想内核的指导下,高校资助工作与思政教育的结合翻开了新的篇章。

高校学生资助工作与思政教育相结合,能够进一步健全立德树人根本机制,挖掘育人要素,完善育人体系,优化评价措施,强化实施保障。深化育人环节的重点领域改革,以全面、科学的育人方式扭转以往片面、僵化的惯性,提升高校育人水平,培养德智体美劳全面发展的学生,形成更高水平的人才培养体制。在高校资助工作实践过程中,做好与思想政治教育的有机结合,有利于高校资助工作的健康发展[1]。新时代随着国家经济的不断发展,完善的学生资助体系已经基本实现人人有学上的目标。然而,培养什么人,是教育的首要问题,因此,将思想政治教育融入高校资助工作中是势必而为的。

二、实践探索

"培养担当民族复兴大任的时代新人"是高校的重要职责,因此,高校在贯彻落实资助育人工作任务中,要将理想信念教育和价值观培育贯穿于资助全过程,落实"将思想政治工作体系贯穿于学科体系、教学体系、教材体系、管理体系当中,深入构建一体化育人体系"[2]的要求。在"三全育人"理念的思想引领下,高校在探索学生资助与思政教育相结合方面贡献出了独特的智慧与经验。总的来说,具体实践体现在引导正确价值判

---

[1] 仝立人,史笑晗.高校学生资助与思政教育结合路径探究[J].智库时代,2019(48):98-99.
[2] 中共中央办公厅,国务院办公厅.中共中央办公厅 国务院办公厅印发《加快推进教育现代化实施方案(2018—2022年)》[J].人民教育,2019(5):11.

断、发挥道德浸润作用、树立正确理想信念三个方面。

1. 引导正确价值判断

价值引领是高校育人的一个重要维度。"一个国家，一个民族，要同心同德迈向前进，必须有共同的理想信念作支撑。"习近平总书记强调，高等教育应当"教育引导广大青年形成正确的世界观、人生观、价值观，增强中国特色社会主义道路、理论、制度、文化自信，确保青年一代成为社会主义建设者和接班人"①。高校应充分认识到大学是落实立德树人根本任务和帮助学生树立远大理想和正确价值观念的重要阶段，高度重视思想政治教育工作在学生形成正确价值判断和积极价值追求过程中发挥的重要作用。

南开大学党委学生工作部于2020年7月1日成立"紫石榴"工作室，以弘扬中华民族精神、培育社会主义核心价值观为主要任务，开展政策宣讲、学业帮扶、社会实践、经济资助、就业指导、志愿服务及主题教育活动，增强各民族师生联系交流，不断铸牢中华民族共同体意识。②

华南理工大学为进一步帮助家庭经济困难学生顺利成长成才，组建"大学生阳光成长团队"，聘请了18位关工委（关心下一代工作委员会）离退休老同志担任学生的成长顾问③。"大学生阳光成长团队"通过理想信念教育、精神激励、学业帮扶、精准资助等方式，共同关心家庭经济困难学生，以及在学习和生活中遇到困难的学生，帮助他们自强、自立、自信，塑造优秀品格，端正学习态度，提升学习能力，帮助他们阳光成才。团队成立以来，工作成效显著，学生与顾问们结对后思想政治水平进步明显，18人向党组织递交了入党申请书并顺利成为考察对

---

① 习近平.习近平在省部级主要领导干部坚持底线思维着力防范化解重大风险专题研讨班开班式上发表重要讲话[N].人民日报，2019-01-22.

② 参见让资助更加突显育人功效——南开大学推进发展型资助育人体系的这五年[EB/OL].[2022-01-13].http://www.csa.cee.edu.cn/index.php/shows/5/7474.html.

③ 参见华南理工大学第二期"大学生阳光成长团队"成功组建[EB/OL].[2021-12-23].http://www.csa.cee.edu.cn/index.php/shows/5/7470.html.

象、中共预备党员、中共正式党员。

东北师范大学为持续引领少数民族学生涵养爱国主义情怀，自觉将爱国和爱党、爱社会主义高度统一，设计推进"石榴花"建设工程①。学校坚持理论陶染，夯实"石榴花"思想之基，组建"同心圆"明理俱乐部，围绕"铸牢中华民族共同体意识"主题，依托励志书院开展民族发展史、边疆建设史、中国反贫困史等理论学习活动，引导各民族学生自学自讲，通过微信群等载体配送"学习强国""新时代 e 支部"等网络学习资源，线下与线上相融合，使学生生成热爱祖国、民族团结、振兴家乡的文化基因。学校坚持双线资助，助力"石榴花"成长之路，持续强化对少数民族受助学生的关注、关心和关爱，将解决物质困难与素质提升、心灵慰藉紧密结合，多年来专门开设实施了古尔邦节补助、藏历新年补助、开斋节补助、清真肉食补贴、民族服装补贴等一系列帮扶政策。同时，学校以勤工助学、发展助力基金、素质提升计划等育人项目为驱动，着力培养少数民族学生的全面发展能力；坚持行为养成，塑造"石榴花"信仰之魂，大力探索富有仪式感、时尚化的育人形式，组建"石榴花"国旗仪仗队，开展日常升旗宣誓等活动，让各民族学生在一次次升旗、护旗、宣誓的过程中，体验式地将爱党爱国思想与民族团结意识深植内心，在全国范围发起"'青春心向党，共创新辉煌'——各民族青年学子向党致敬"等活动，通过"学习强国"平台以视频接力的形式远程联动，纷纷把心里话讲给党听。形式多样的实践教育渐进为少数民族学生的人生信仰铸魂养气。

东南大学结合"奖、助、贷、勤、补、免"六个资助形式，适时开展主题教育，培养学生的家国情怀、社会责任感和民族使命感，引导学生懂得感恩，励志成才，积极回报社会。学校持续开展思想政治主题教育，包括"永远在路上"红色大讲堂、"党史云讲演"、"理想信念"大讲堂等系列思

---

① 参见东北师范大学扎实推进"石榴花"建设工程　在资助育人体系中铸牢中华民族共同体意识[EB/OL].[2021-12-31].http://www.csa.cee.edu.cn/index.php/shows/5/7467.html.

政类课程，是将高校资助工作与思政教育相结合的有益尝试，重在加强家庭经济困难学生理想信念教育，充分发挥理想信念教育的铸魂作用。讲堂每学期开展4到5期，参与的家庭经济困难学生近500人次，面向受资助学生开放并纳入奖助学金评优考核体系。学校还为家庭经济困难学生赠送《习近平的七年知青岁月》等红色书籍，充分发挥社会主义核心价值观的强大精神动力，帮助他们确立正确的人生方向。

资助工作和思想政治教育工作相互影响又相互促进，二者相辅相成在学生教育引领工作中取得良好成果。资助工作和思政工作的结合重点在于工作队伍的结合。在坚定不移地推进资助工作与思政教育结合的同时，高校应注重抓好思政工作队伍建设，以"不忘初心，牢记使命"主题教育为契机，努力推进学生工作队伍专业化、职业化建设。

北京大学利用秋季学期及寒假，组织辅导员参加家庭经济困难学生寻访工作①。辅导员各自组建团队前往安徽、贵州、河北等多个省份，寻访经济困难学生家庭。通过实地走访、与家长深入交流，辅导员可以更加直观地了解学生的家庭情况、成长背景，并与家长沟通学生的在校情况，宣传资助政策和信息，讲解育人理念和举措，强化思想政治引领，并向家长征求对北京大学学生资助工作的意见和建议。通过寻访，辅导员不仅提升了自身的实务能力和思想政治水平，更获得了丰富的信息并留下珍贵的影像资料，可以为后续对学生进行专项帮扶提供有针对性的指导方向。

浙江大学以开放视野深化"三全育人"改革②，着力推动社会优质资源向育人工作汇聚，也提出了要"让有信仰的人讲信仰，促进思政理论课由'被动灌输'向'主动内化'转变"，将坚定学生政治信仰作为思想政治教

---

① 参见北京大学新生入学资助工作——全程资助为家庭经济困难新生成长保驾护航[EB/OL].[2020-11-12].http://www.moe.gov.cn/jyb_xwfb/xw_fbh/moe_2069/xwfbh_2017n/xwfb_20170906/sfcl_20170906/201709/t20170907_313780.html.
② 参见浙江大学构建"彩虹人生思政育人平台" 打造"三全育人"新模式[EB/OL].(2020-04-14)[2020-10-26].http://www.moe.gov.cn/jyb_xwfb/s6192/s133/s192/202004/t20200414_443346.html.

育核心，启动"紫领计划"，邀请政府部门领导干部担任学生思政导师，通过面对面交流、形势政策演讲、参观交流、红色主题教育、乡镇基层走访等活动，让有坚定马克思主义信仰的人讲思政课，及时为学生答疑解惑，真正让学生明白中国共产党为什么能、马克思主义为什么行、中国特色社会主义为什么好。

东南大学主要负责落实学生资助工作的是学生资助管理中心带领的辅导员团队。辅导员承担学生的资助和思想政治教育等多方面工作，因此首先要加强辅导员的思政教育能力，提升辅导员的业务能力、理论水平和政治觉悟。同时，学校也要在辅导员队伍中强化主动将资助工作与思政教育工作相结合的意识，着重挖掘与资助工作相关的思政教育契机，并在实践工作过程中加以检验。为最大限度地发挥思政教育的作用，东南大学在实践的基础上重点强化队伍领头人——副书记使命担当，抓好新任辅导员的入职培训，使思政工作人才队伍对学生的思想价值产生有益引导，注重社会主义核心价值观培元固本。针对新任辅导员精心设计岗前培训方案，学校邀请相关部门就意识形态与思想政治教育、资助管理服务工作、日常实务工作等主题开展交流与指导，强化辅导员将思政教育与资助工作相结合的意识和能力，充分培养职业能力，帮助他们尽快适应岗位需要。此外，东南大学格外注重加强辅导员思政理论课教学能力培养。一方面，成立"思政课教学工作坊"开展集体授课，邀请思政理论课专家，和辅导员一起定期开展学习研讨以及集体备课，在工作中培养优秀的专职辅导员，使其成为思政课教学名师；另一方面，加强辅导员理论素养和职业能力培训，开展辅导员心理健康教育与辅导员能力提升专项培训计划，以及工作案例专项培训和就业指导工作实操培训，进一步提升辅导员引领学生发展的水平。

东南大学以立德树人为根本，践行和培育社会主义核心价值观，充分挖掘优秀学生典型事迹。学校积极寻求借助红色网络的力量，通过新型媒介促进资助工作与思政工作的相辅相成。学生资助管理中心借助"东南大学""东南学工家"微信公众平台，"奖助学金""资助政策""志愿活动"等栏目，同时联合各学院官方微信平台，提供详细的资助政策解读，宣传优秀家庭经济困难学生的励志典型事迹。在实际运营过程中，工作团队格外注重运用青年学生喜闻乐见的形式提炼、包装、编排红色文化与资助内容，如"两学一做"微党课专题学习与竞赛、"图文解读十九大报告"、"我与党旗合张影"、"我为党旗添光彩"等系列主题，推动红色文化可亲可近，牢牢把握新时代网络思政教育的发展脉搏与话语权。

2. 发挥道德浸润作用

道德是一种社会意识形态，是人类共同生活中某些约定俗成的行为准则，对人的社会生活起到一定的约束和规范作用。道德浸润是思想政治教育工作的重要内容。人的行为需要正确的道德观念进行引导。高校学生正处于世界观、人生观、价值观成型的关键时期，高校除了做好学生理想价值的引路人以外，也应营造良好的校园环境，培育校园文化，尊重每一个学生的思想和人格，在潜移默化中实现道德浸润，培养德才兼备、全面发展的优秀人才。

南开大学资助工作育人树典型，以典型宣传激励学生立大志、求卓越[①]。2021年，学校通过微信公众平台发布推送127篇，累计阅读近7万人次。其中，"助学·筑梦·铸人"主题宣传活动汇集16项资助育人工作案例、11份奖励资助体系海报设计、82篇学生成长故事，展现了脱贫攻坚政策实施以来家乡、家庭、个人的深刻变化，引导学生感恩党和国家的培养，不断提升自我价值。

北京邮电大学以"育才""促健""采风"三方面为抓手开展理想信念、爱国爱校和诚信感恩主题教育[②]；开展"青学之星"宣讲，发挥榜样力量讲好励志故事，鼓励学生做资助政策的学习者、传播者和知恩感恩的践行者。

---

① 参见让资助更加突显育人功效——南开大学推进发展型资助育人体系的这五年[EB/OL].[2022-01-13].http://www.csa.cee.edu.cn/index.php/shows/5/7474.html.
② 参见北京邮电大学资助工作构建精准资助全员育人格局[EB/OL].[2021-12-31].http://www.csa.cee.edu.cn/index.php/shows/5/7466.html.

中国地质大学学生奖励与资助中心联合中国银行东湖分行、中国银行地大支行举办了国家助学贷款知识宣讲会,会议着重介绍了人民银行征信问题①。同学们在会议过程中了解到人民银行征信的知识,包括征信的概念、我国征信体系的建设、征信的重要性以及不良信用记录保存时间等内容。同时,学校和银行还提醒同学们征信与日后工作息息相关,需要注意借款、还款的时限,以防不良记录产生。

河南省新乡医学院以"诚实守信"为主题,"立德树人"为主线,分为三个阶段开展学生资助诚信教育主题活动②。宣传动员阶段,学校通过学院网站、微信平台、校园广播、宣传栏、横幅、展板等形式宣传诚信思想。活动开展阶段,学校通过举行诚信教育宣传月活动、"以诚修身,以信立德"主题辩论赛、"诚信成就未来"知识竞赛活动、"诚信成就未来"演讲比赛、"明德守信"主题征文活动、资助诚信主题班会、"电信诈骗知识进万家——千场宣讲"等活动广泛宣传国家资助政策及助学贷款,普及诚信、金融等相关知识,宣传诚实守信事迹,倡导契约精神,促进学生树立诚信教育观念。总结提高阶段,各学院针对本次资助诚信教育主题活动开展情况进行总结反馈,为以后诚信育人工作的开展做准备。

东南大学资助工作紧扣"三全育人"中的诚信、励志、感恩理念,在此指导下实施了"润德计划"。计划坚持助人育人相结合,依托诚信主题教育月不断创新活动形式,增强诚信教育的时效性;在"诚信教育月"广泛开展诚信教育活动,举办"诚信,与青春同行"品牌活动,结合专业特色,开展"寻访诚信之星"、诚信超市等诚信实践活动,通过诚信实践强化育人效果;通过开展金融知识教育、预防诈骗教育、不良贷及套路贷警示教育等,在学生群体中普及征信知识、金融知识和风险防范知识,引导他们珍爱信用、理性借贷、理性消费,提高自身征信意识、金融意识、风险

---

① 参见中国地质大学(武汉)举办国家助学贷款知识宣讲会[EB/OL].[2021-12-31].http://www.csa.cee.edu.cn/index.php/shows/5/7468.html.
② 参见河南省新乡医学院开展学生资助诚信教育主题活动材料[EB/OL].[2021-12-31]. http://www.xszz.cee.edu.cn/index.php/shows/4/7461.html.

意识和法律意识，进而树立起正确的消费观。同时，学校依托各学院广泛组织"感恩与诚信"主题教育活动，通过主题班会、团日活动等形式引导学生树立正确的诚信观，增强社会责任感。学校积极挖掘先进典型，开展励志教育，每年举办励志感恩教育活动，结合学校特色不断创新活动形式，通过全方面、多角度的校园文化体系建设，进一步强化励志感恩教育实效，发挥德育在人才培养中的重要作用，全面营造感恩励志校园文化氛围。学校资助工作团队力图通过"中国脊梁，东南担当"奖助学金颁奖典礼、"最具影响力毕业生"评选、"中国大学生自强之星"评选、"助学·筑梦·铸人"主题宣传等一系列活动，培育在学术科研、公益实践、文体竞技、创新创业、参军报国等方面的先进典型。活动中展现了东大学子昂扬向上、勇于担当的精神气质，同时也在校内外形成重要影响力，向社会各界传递东大优秀学子的正能量。

3. 树立正确理想信念

理想信念是人生的指路牌。习近平总书记认为："理想指引人生方向，信念决定事业成败。"中国梦是全国各族人民的共同理想，也是青年一代应该牢固树立的远大理想。学生资助工作归根结底是做人的工作，因此更加有责任培育学生正确的理想信念，激发贫困家庭学生的内生动力。

华中农业大学实施"金种子"能力提升计划，多维度助力学生成长成才。"金种子"课程包罗万象，助力学生全面发展[①]。学生资助管理中心通过调查问卷、学生访谈等方式，听取学生意见，根据学生实际需求，设置了艺术鉴赏、学习辅导、信息科技、文化熏陶、就业创业、心理调适、创新实践、国际交流等八类课程，想学生发展所需，补学生美育短板，练学生核心能力，促学生素质提升。学校鼓励支持学生在专业核心技能之外，全面提高可持续发展能力，将66种能力资格证书考试类型纳入资助范围，包括ACCA会计师证、教师资格证、中级软件设计师及雅思、托福语言类

---

① 参见华中农业大学实施"金种子"能力提升计划[EB/OL].[2021-09-16].http://www.xszz.cee.edu.cn/index.php/shows/5/7254.html.

等。通过考试的家庭经济困难学生可凭借相关证明材料获得考试报名费资助。高层次国际化人才项目计划，着力提升学生全球胜任力。华中农业大学全额资助53名家庭经济困难学生赴新加坡、中国香港、老挝开展交流学习，启动"金种子"雅思培训费资助计划，资助家庭经济困难同学报名雅思培训课程学习，包括预备读写、预备听说、听力精讲、口语精讲、阅读精讲、写作精讲、专项强化、全真模考等8项内容，培训结束后，学生参加雅思考试并获得6.5分及以上，学校还将全额资助考试报名费用。华中农业大学通过"金种子"能力提升计划，在家庭经济困难学生心中播下希望的"种子"，帮助他们提高可持续发展能力，促进其成长成才，实现自身理想价值。

中国计量大学以立德树人为目标，以"标准、规范、质量"的计量文化为底色，以"传承计量文化、精准资助育人"为核心，深耕"天健育人行动计划"，推进精准资助和资助育人工作[①]。该计划针对资助对象的实际困难和发展需求，采取精准施策、个性化指导的方式，在全校范围内选聘一批优秀的教师加入天健计划实践指导师团，开展"一对一"全程指导帮扶，运用七大"计量"特色的资助育人模块载体，精准助力家庭经济困难学生能力、素养、品质提升。好的教育尊重人的个性，激发人的潜能。为深入满足个性化指导要求，天健计划实践导师在自己身边设计了实践岗，重点培养学员动手实践、文书写作、人际沟通、电脑操作、组织协调、职业履职等能力和素养，按照《天健计划培养目标与标准》，制订了包含自我管理、学会学习、实践创新、社会责任等内容的实践提升计划。教育舒展人的生命，润泽人的精神。通过导师深度帮扶、精准助力，为学员成长搭建好平台，不断激发学员的创造活力、兴趣潜能，帮助学员启迪智慧、塑造人格，不断发现自我、认识自我、成就自我，帮助学员们实现了初入大学时一个个想不到、做不到的愿望，完成了一次又一次的跳级。教育事

---

① 参见天健赋能发展　资助情暖育人——中国计量大学天健计划资助育人文化品牌显实效[EB/OL].[2021-01-18].http://www.xszz.cee.edu.cn/index.php/shows/4/4118.html.

业是充满爱的事业。导师们注重在理想信念、爱国情怀、价值追求上引领受助学生形成正确的价值取向,将责任意识、感恩意识、奋斗精神、奉献精神融入一对一实践指导中。导师团还尽自己所长,借助天健讲坛,为全校家庭经济困难学生举办各类励志成才讲座,促使受助学生提振信心、自强不息、涵厚美德、全面发展。

东南大学资助工作团队积极响应国家号召,实施"弘毅"计划,鼓励广大青少年把个人理想融入国家和民族事业中,坚持追求真理、勇攀高峰的科学精神,保持踏实奋斗的心态,掌握科学的研究方法,扛起振兴国家科技事业、建设世界科技强国的大旗。学校积极强化理想信念,为培养社会主义可靠的接班人贡献力量。为此,学校资助工作团队着力引导家庭经济困难学生把人生理想融入国家和民族的事业中,勇做走在时代前面的奋进者、开拓者、奉献者。资助工作将很大一部分精力放在做好大学生义务服兵役工作上。团队积极宣传退役大学生士兵的服兵役情况和返校学习工作情况,鼓励在校大学生积极应征入伍,献身国防。学校首先全面落实国家、省市及学校各项优抚优惠政策,优化学生应征入伍、退役复学工作流程。对退役复学后学业上有困难的学生,与相关学院联系,实行重点帮扶和指导,鼓励支持退役学生读研,提升学历层次。与之相匹配的是学校对提升军训综合育人功能的注重,这有助于解决部队承训力量相对不足的实际困难。学校组织实施"东南大学自训教官训练营"计划,在退役学生士兵自我训练并考试合格后,将其聘任为自训教官,参与承担大一新生的军事技能训练工作,并辅助以勤工俭学的方式。"自训教官训练营"的训练,培养了一批具有家国情怀、能吃苦能打硬战的学生自训教官,他们已经逐步成为东南大学军训工作的主力军。此外,学校也注重积极引导和激发青年"青春向党,强国有我"的崇高信念,定期寻访"中国大学生自强之星",勉励家庭经济困难学生志存高远、青春奋斗。学校为家庭经济困难学生提供进入国家部委实习的机会,帮助家庭经济困难学生将知识化为实践、用实践深化知识,自觉将个人成长和国家建设紧密相连,为祖国的建设贡献青春力量。

三、未来发展

习近平总书记在十九大报告中指出,中国特色社会主义进入了新时代,社会主要矛盾已经转化为人民日益增长的美好生活需要和不平衡不充分的发展之间的矛盾。社会主要矛盾的变化也为资助工作与思政教育的结合提出了新的发展可能性。

在当前高校资助育人具体实践中,资助育人工作主要通过成立受助学生社团,以诚信教育、励志教育、感恩教育为主要形式落实学生资助与思想政治教育的结合。但是,实践中高校资助工作事务性特征明显,职能定位方面主要侧重于解决学生遇到的实际问题[①],与思想政治教育结合不够紧密和深入,不能建立长期稳定、可持续的结合机制。这种现状有组织架构设置方面的原因。一般来说,高校资助工作部门通常与思想政治教育部门并行设置,二者工作内容相对离散,较少有工作融合的需求。当资助工作开始寻求与思政教育结合时,制订计划、接受培训的也以资助工作团队一方为主,思政教育工作团队始终处于被动地位,这使得资助与思政教育实践融合程度不够深入和全面。在指导思想方面,资助与思政也经常出现一种"各管各"的情况。学生资助与思政教育的结合大多处于资助理论单方面靠拢的阶段,而思政教育相关理论却很少从全局维度审视,将资助工作版图也纳入其中。这导致在理论指导方面,二者缺少自然顺畅的整体化。针对这一问题,高校应尝试从辅导员、资助队伍的选拔与培训开始,升温二者的关联与互动。

在实际工作中,高校资助工作人员就是学生事务工作人员,主要包括辅导员和班主任。他们直接接触学生,为学生答疑解难,他们不仅要具备辅导员的政治业务素质,而且要具备从事学生资助工作的政策业务素质和政策执行能力。《教育部关于进一步加强高等学校学生资助工作机构建设的通知》(教人〔2006〕6号)指出,各高校要加强学生资助工作人员的选

---

① 刘云博.新时代高校精准资助育人质量提升研究[J].教育评论,2019(4):61-65.

拔、培养和使用工作，不断提高他们的思想政治素质、政策业务素质和实际工作能力，为做好资助贫困家庭学生工作提供组织保证。高校亟须建立一个兼具系统性与专业性的思政教育团队，通过多个岗位的交换、学习及培训，加强对队伍的全面培养，让整个队伍成长为全面开花的多面手，既有充足的思政教育经验，又掌握专业的资助工作技能。高校将这样的全面型人才安置到适合的岗位当中，将思想政治教育融入学生资助工作开展的全过程，将立德树人落实为学校资助工作的根本任务，更有利于加强对学生的思想引领，指引学生寻找正确的发展方向，实现资助育人的目标，帮助家庭经济困难学生成长成才，使他们共同享有人生出彩、梦想成真的机会，共同享有同祖国和时代一起成长和进步的机会，充分发挥学生资助与思政教育相结合的育人效能。

学生资助工作要想实现思想引领的目标，还须把思想政治教育同解决实际问题结合起来，在关照人、帮助人中教育人、引导人。物质关怀是致力于人生存的基本需要，基本需要得到满足，既是人性的要求，也是人的全面发展的基础。就个人而言，对自身生存的需要，决定了其对物质利益的追求。资助体系恰能符合、尊重和理解人的这种追求，通过资助制度来满足学生的物质需要。资助体系可以关照人的生存状况。资助工作中的人文关怀，满足受教育者的现实需要的同时，又潜移默化中影响着学生的思想品德。可见，学生资助的人文关怀在教育内容上的体现就是要实现对人的现实生活的回归，关照人的生存状况，考虑人的生存境遇，突出人格完善。

因此，高校要建构富有人文关怀的学生资助体系。根据维果茨基的"最近发展区"理论，学生资助工作从人的现状出发创设学生喜闻乐见的生活方式，选择多样化的德育内容；针对不同层次的现实需要制定资助规划，体现资助目标个性与共性的统一。人对于物质的需要会随着环境的改变而改变，不同的环境下会生成个性完全不同的人，而集中到高等教育阶段，大学生的思想道德和物质需要也就会千差万别。因此，高校制订资助实施计划时就要考虑到不同的个性因素，兼顾学生的多样化需求，体谅学生的不同道德情感，将人文关怀融入资助规划的设计中，使得资助规划能适应其个性化需要。具体来说，资助工作程序上的合理性与公正性是高校应首先考虑的，这是资助目标的共性，围绕这一共性制定资助办法，以实现资助的公开、公平、公正。在此基础上，高校资助工作应关注每个人生理、心理和道德水平的差异，关注不同个体价值需要的多样性，将单一物质关怀型资助转变为人性关怀型资助，增强受资助学生内心深处对资助育人的认同感，从而让资助育人成为思想政治教育的有效途径；同时，要增强资助育人效果，就要深入研究思想政治教育的接受规律；要尊重受资助个体在资助过程中的主体地位，实现平等资助过程，要将居高临下的单向度教育转变为平等交流对话，从而改变无视学生的主体能动性和接受规律的脱离实际的德育方法，发挥德育活动的效果。教育必须通过平等的沟通、交流来实现，资助体系的精神关怀让人可以真切地感受到资助者的亲切友善，引发受助者感恩情怀的提升。

第二节　高校学生资助与大数据相结合

我们所处的是一个信息爆炸的时代,"互联网+"的发展模式已经深刻地渗透各个领域之中,任何工作的开展都必须与时俱进,高校资助工作也不例外。大数据作为新时代处理工作的全新工具,正确地运用大数据,以及将资助工作与大数据相结合是提高未来工作效率的关键。正如《纽约时报》评论:"数据本身是无用的,除非从中获取有价值的洞察。"学生资助工作提升效率的核心在于精准,精准资助不仅可以提升工作效率,而且可以最大限度惠及高校学生,而精准资助则源于对数据的合理分析与精确处理。只有完善大数据检测资助学生体系,让资助工作与大数据相结合,在实践中不断落实大数据分析与处理的机制,从实践中总结经验,才能推进资助工作与时俱进的发展。

一、时代境遇

党的十八大以来,习近平总书记谈扶贫必谈"精准",也在实施层面做出了系列部署,形成了系统的"精准扶贫"思想。自此,作为重要的保民生、暖民心工作的学生资助,也开始深入贯彻落实"精准"的要求。资助的成败,关键在于是否精准。大数据与学生资助工作的结合,正是基于精准资助的要求自然而然发生的。当今世界是大数据的时代,高校作为社会中思想最活跃、知识最丰富、网络信息技术相对发达的前沿阵地,其教育、管理、资助、服务等功能势必受到大数据浪潮的显著影响,从而不断发展。

精准资助的核心是什么? 为了实现精准资助这一目标,教育部主要提出了如下几点要求：第一，普遍与重点相结合，确保每一位家庭经济困难学生都能获得资助；第二，明确家庭经济困难学生的认定标准；第三，动态认定家庭经济情况困难学生，高度关注因病、因灾致贫的家庭，动态调整资助对象；第四，重视规范资助程序，进一步规范学生资助管理工作；第五，健全资助信息系统建设，在大数据时代掌握精准资助数据。

新时代下，精准资助所提出的新的需求使得大数据越来越为资助工作所重视，这与大数据自身所蕴含的技术价值是分不开的。大数据的技术价值集中体现在对数据的收集和处理上。获取数据的途径越来越多，数据的内容越来越多，其类型和内容也日益丰富、多元。理论上学校可以通过数据中心收集到学生的绝大部分信息，如选课及出勤率、图书借阅情况、消费及津贴数额、归寝时间等等。与海量数据信息匹配的是计算能力的大幅度提高，原先单一的中央式计算方式变成了以云计算为特征的分布式计算方式，在融入统计学方法之后，可以挖掘出更多有趣的信息。高校可以充分利用机构优势有组织地通过对各类数据源的定位和连接，实现数据的采集、传输和汇聚[①]。

高校本就是前沿思想、知识和技术的阵地，在过去的管理方法改革中，高校的教育模式与师生的思维观念早已受到大数据的深刻影响。高校资助工作的服务和管理模式在大数据时代会有怎样的发展路径，将是今后一段时间高校资助理论研究与工作实践的重点。

二、实践探索

大数据为资助工作提供了全新的观察视角和技术手段，当前，高校对大数据技术的应用实践主要体现在资助对象识别、实现按需资助两个方面。充分利用大数据将人的自由活动数字化的特点，摸索数据背后所展示出的学生的现实活动规律，并以此更新自身的资助工作实践。

---

① 刘玉霞.大数据背景下高校精准资助路径探析[J].未来与发展,2016,40(9):69-73.

1. 大数据与资助对象识别

要提高高校资助水平,家庭经济困难学生的精准认定是关键。在目前实施的精准资助实践过程中,为贯彻落实党中央精准扶贫战略思想,更有针对性地为家庭经济困难学生提供帮扶,实现资助对象精准,各高校以指标体系科学化保障资助对象精准。借助大数据技术,高校可以建立学生校内外关联的大数据库,通过数据挖掘、数据分析、数据运算、科学化指标体系构建,实现家庭经济困难学生的精准认定,做到"应助尽助""需助必助"。对于高校而言,大数据技术是实现精准资助要求的重要手段。

安徽师范大学自主研发数据抓取和分析系统,构建"智慧资助大数据平台",通过大数据分析可对所有学生进行全方位画像,并能精准识别经济困难学生[①]。学生资助管理中心再根据困难学生的不同情况,量身定制"菜单式"资助方案,从而实现对经济困难学生的精准识别、精准资助、精准育人和精准评估。智慧资助大数据平台联合了校内学工、教务、总务等8个部门的11个业务系统,通过学生填报和系统抓取,精准采集所有学生的家庭经济详情、日常消费数据、学业分数、奖助记录以及班级考勤、宿舍门禁、素质拓展、就业升学、学生行为等各类日常管理数据;利用人工智能技术和层次分析法,对采集到的数据信息进行综合分析,设计了9个二级指标、79个观测点,构建数学模型,进行量化赋分,建立了经济困难学生量化认定指标体系。学生经济困难情况是动态变化的,为了保证大数据画像的准确性,该校将数据库关联学生档案,全方位信息会实时更新,动态监测分值也随之适时变化。"线上量化测评+ 线下民主评议+ 实地回访验证"的经济困难学生认定模式,既提高了经济困难学生认定的准确性,又有效地保护了学生的隐私,呵护了困难学生的心理健康,让困难学生可以更加自信阳光地学习、生活。

---

① 参见安徽师范大学:大数据画像 菜单式资助[EB/OL].[2021-10-27].https://www.ahnu.edu.cn/info/1108/49071.htm.

华中科技大学在启动家庭经济困难学生认定工作，完成对学生提交材料的审核基础上，通过学校网信办启动对全校2.8万余名研究生的大数据分析，以学生学期校园卡的消费情况为样本，将食堂就餐率、餐均开支、超市月均消费水平等列入指标体系，同时对比进出校园数据进行综合分析；依照相关量化指标结果，大数据运算出了400余名未申请帮扶的家庭经济困难学生[1]。学校将400名未申请帮扶的家庭经济困难学生列入帮扶名单，为总计3 000余名学生发放补助金，按照不同等级的金额规定，分别发放500元、200元和100元的补助金，共计62万余元。

西安电子科技大学依托大数据分析技术，在全校范围内开展"隐形资助"，既让学生获得相应的经济资助，又充分保护学生的隐私和自尊[2]。学校资助中心联合校内多个部门，对本科、预科学生全年在餐厅刷一卡通消费的18.73万条数据进行分析，分析内容包括学生在餐厅刷卡消费的人数和频次、平均消费水平、每餐消费金额远低于平均水平的学生情况，重点关注家庭经济困难学生群体的消费情况等；综合考虑学生在餐厅就餐的次数、少数民族学生消费差异等影响因素，向消费远低于全校平均水平的203名家庭经济困难学生发放用餐补贴，一次性将720元直接打入学生的一卡通。

东南大学根据调查、搜集，获取南京市经济发展水平、居民最低生活保障标准、物价水平、学校收费水平、学生家庭经济状况等数据，保证数据的客观真实性。学生资助管理中心通过组织学生社团走访调查家庭经济困难学生实际生活情况、号召辅导员与家庭经济困难学生进行谈心谈话、组织民主评议等方式，及时排查出夸大家庭经济困难程度的虚假材料，取消相应学生认定资格并进行思想教育，尽量减少认定过程中可能存在的主观因素。学生资助管理中心通过对兄弟高校家庭经济困难学生认定工作的

---

① 参见慕了！又是别人家的学校！华中大依托大数据悄悄给400余名学生打钱[EB/OL]. [2020-11-28]. http://news.cnhubei.com/content/2020-11/28/content_13472596.html.

② 参见西安电子科技大学依托大数据技术开展隐形资助[EB/OL]. [2019-04-28]. https://news.xidian.edu.cn/info/2106/203434.htm.

深入调研，以及对本校家庭经济困难学生量化指标运算方法的反复商讨与检验，并结合自身多年的工作经验积累，制定了一套较为规范的家庭经济困难学生量化指标运算方法，并以此运算得出学生家庭经济困难程度认定的量化评价指标。学校通过反复检验确保运算方法的科学有效。学生通过认定系统完成信息采集，系统得到计算所需量化指标，量化指标通过系统准确计算得出学生家庭经济困难系数，并根据系数所属范围确定困难学生的等级，通过"双线审核＋疑点排查＋数据验证＋家访核实"的方式确保家庭经济困难学生认定结果的真实性。在制定科学有效的认定体系和四级认定工作程序的基础上，学校通过动态化的家庭经济困难学生认定系统确保资助精准度，坚持信息化建档的理念。学校建立学工系统家庭经济困难学生认定板块，学生自主登录，在指导下完成认定过程的信息采集程序。家庭经济困难学生资料通过系统进行动态管理，根据突发状况进行增补和修改，每学年进行一次信息核对，确保资助工作的稳定和长效。老生在校期间要求每年复核认定，如学生家庭经济情况有变，要求重新提交证明材料并重新完成认定程序。家庭经济困难学生信息通过系统进行动态管理，系统随时为因突发情况致贫的学生开放认定系统。

2. 大数据与实现按需资助

大数据可以通过对数据进行采集、加工、处理、存储和分析，发现事物之间的关联性。高校将大数据技术运用到资助工作中，能够准确把握资助系统各个因子之间的关联规律，大幅度提升资助力度的精准性，实现按需资助。在实现按需资助与大数据技术融合的过程中，不少国内高校贡献了积累多年的宝贵经验。

西安交通大学立足大学生资助工作实际，着力打造大数据时代"绿色通道"，将数字迎新系统与大数据平台整合，提前发现新生中的家庭经济困难学生，多措并举畅通新生入学通道[①]；建成学生大数据分析与服务平

---

① 参见西安交通大学打造大数据时代"绿色通道" 精准资助家庭经济困难新生[EB/OL].[2020-11-10].http://www.moe.gov.cn/jyb_xwfb/xw_zt/moe_357/jyzt_2016nztzl/2016_zt14/16zt14_yxcf/201609/t20160912_280808.html.

台,实现家庭经济困难学生"精准认定、精准预警、精准帮扶"和全过程动态管理,让大数据成为精准资助的导航仪;通过大数据平台对经济困难学生的隐形特征进行挖掘分析,发现他们的发展需求,注重学生的思想引领、能力提升、文化传承,持续建设多元化、发展型资助育人体系,不断深化资助育人内涵。

西北工业大学以信息化建设为突破口,设计、开发了适合学校实际情况的精准资助系统,在线进行家庭经济困难学生认定工作,通过信息化手段提升家庭经济困难学生认定水平;基于大数据挖掘技术深入分析学生消费水平,并综合考虑学生在校天数和男女生消费差异等多重影响因素,根据学生校园卡用餐、超市消费、上网情况等多维度元素,进行大数据分析,科学分配资助名额和金额,保障资金分配精准;利用科学的数据分析方法分析家庭经济困难学生信息,确保在校家庭经济困难学生每学年至少获得一项助学金,实现资助对象全覆盖;发现隐藏的家庭经济困难学生,在新生报到、寒暑假、春节等特定时期,进行点对点的直接资助。

大连理工大学着力构建立体化资助体系,2006年至今,学校共有46 000余名家庭经济困难学生享受到国家和学校的资助并顺利毕业[①]。学校运用大数据工具分析各项资助政策的落实和资助资金的使用情况,为精准资助提供支持。建立完善学生资助系统,实现家庭经济困难学生动态资助、跟踪机制和资助工作的网上一体化。在特定时点启动助学金发放、冬衣送暖、路费补助、备品补助等资助项目,及时满足家庭经济困难学生需求。

中国石油大学(华东)[②]以信息化建设和大数据分析为基础,综合采用系统比对、学生评议、调查走访等方式,精准确定资助对象资助等级,确保家庭经济困难学生应助尽助;构架"奖、助、贷、勤、补、免、偿、险"

[①] 参见大连理工大学加强资助工作助力贫困学子圆梦[EB/OL].[2020-11-10].http://www.moe.gov.cn/jyb_xwfb/s6192/s133/s160/201610/t20161026_286208.html.

[②] 参见2019年度教育信息化优秀案例丨中国石油大学(华东):基于数据治理的智慧校园数据支撑层设计研究[EB/OL].[2020-06-08].https://www.cernet.edu.cn/xxh/zt/yxal/202006/t20200608_1732268.shtml.

八位一体的全方位、全过程、全覆盖资助体系，根据不同阶段、不同群体学生成长发展需求，开展分类、分档精准资助；加强资助监督审计，不断提高资助资金发放的规范化和精准度。

东南大学在多年的资助工作实践中探索出了确保资助力度精准的新路径。一方面，东南大学积极制定精准资助的标准，坚持系统认定与实地家访相结合，坚持信息化与动态化相结合；另一方面，积极探索建立精准资助信息化系统、完善新学工系统，以信息系统为依托，通过双线审核、疑点排查、数据验证、家访核实的方式确保家庭经济困难学生认定结果的真实性，为资助工作的开展提供了坚实的基础。东南大学学工系统功能完善，为资助工作的信息化提供了强有力支持。资助板块包含了奖学金管理、困难生管理、助学金管理、困难补助管理、贷款管理、勤工助学管理、学费减免管理等，每个模块还有若干子模块，完全实现了资助工作各个环节的功能。学生通过查看学工系统中的资助信息，根据自身需求，提出申请，再经由辅导员审核、院系审核、学校终审的流程，获得相应资助。为更好地服务于学生群体，东南大学以学生为本，从学生的切身需求与实际利益出发，2016年全面升级了学工系统，院（系）在审核学生的奖助学金申请时，可以直观地了解到学生以往受资助情况和家庭经济情况，将学生的家庭经济困难程度和受资助情况结合来综合审核评定。资助管理系统可以直观显示学生的目标资助额、已获资助额、应予资助额。因此，学校和学院在评定奖助学金等各项资助时，通过精准资助管理系统可以一目了然地了解所有家庭经济困难学生的受资助情况，并根据系统计算得出应予资助金额，精确地发放其他应予资助。

三、未来发展

在信息时代和新冠疫情的背景下，高校资助工作要借助互联网大数据搭建信息化平台，探索资助工作新模式，实现资助工作力度精准化。这不仅便利了精准资助工作的开展，更是大数据时代对工作推进的必然要求。

大数据技术在推进高校精准资助方面具有毋庸置疑的价值。

学生资助工作要建立数据库,采用更加客观与明确的标准来认定家庭经济困难学生。首先,学校可借用大数据技术调用银行流水、校外收入、征信记录、家庭资产、家庭税收等民政、税务、银行、扶贫部门的"沉睡数据",调用过程中,确保"沉睡数据"的真实性与时效性,打通不同数据之间的联系,完成数据的汇总与整合分析,通过相关运算,遴选出符合相关量化指标的家庭经济困难学生,充分发挥资助工作的兜底保障功能。其次,学校还可以利用大数据技术与"校园一卡通"服务平台进行对接,将原本分散在学校各个职能部门的碎片化数据进行分类汇总,采集并分析学生在校期间包括饮食、交通、洗浴、转账、充值等的基本活动数据,测算学生的平均消费水平、消费额度和消费频率,并通过横向对比,选取出能够用来判断家庭经济困难学生困难程度的核心数据与量化指标,对家庭经济困难程度较高的同学可以隐性进行相应的困难补助,保护困难学生的自尊心。

学校可以通过引入大数据技术完成家庭经济困难学生认定的动态调整,运用城市经济水平、居民最低生活保障、学校生活花销、学生家庭经济情况、父母职业状况等数据进行科学化运算,评定家庭经济困难学生并遴选出判断家庭经济困难学生的核心要素和指标权重,制定资助档次划分的量化指标体系,从而精准识别家庭经济困难学生并分别细化出不同资助程度的资助对象。高校可以结合困难学生指标量化认定方法,精准识别出家庭经济困难学生和困难程度,如果学校发现存在虚报瞒报、伪造认定的家庭经济困难学生,学校可以在第一时间分析各项资助工作是否针对真困难生有效地发挥资助成效,重新优化、细化学生资助的量化指标评价体系,通过及时调整资助量化指标评价体系的真实性、合理性和实效性来回应不同学生、不同区域的实际需求,最终实现资助工作的资源最优配置。高校运用大数据开展家庭经济困难学生精准认定工作,能够确保认定依据的真实性和有效性、认定流程的客观性和公正性、认定方法的科学性和精准性,有效规避经验判断法和贫困证明法的盲目性、主观性以及由此造成的资助误判。

虽然在家庭经济困难学生的认定和评级方面,大数据技术已经初露峥嵘,但从一般理性而论,高校对大数据的运用依然停留在表面,需要资助工作团队进一步向深处挖掘。当下,对大数据信息服务技术平台采集到的家庭经济困难学生信息并没有得到深入的整合与应用,如家庭经济困难学生的学业情况、就业情况、综合素质和心理健康状况等动态因素没有得到全面的收集与应用,或已收集但因重视不足或技术原因,而无法得到有效利用。因此,高校的资助部门应以帮助实现家庭经济困难学生的多样化需求与发展为宗旨,利用大数据建构数据模型,进行评估和预判断,由低到高分为不同层次需求,实施个性化匹配,进行分类指导[①]。这种对大数据的深入应用,要求建立学校相关部门的联动机制。资助工作团队所需要的数据来源,由学生工作系统、后勤保障系统和财务管理系统进行协调支持,对数据的分析需要技术团队在与资助工作团队进行充分沟通的基础上建立合理的数学模型。而系统最终处理得出的结果,不仅是资助工作所需,更应反馈给链条上联动的各个部门,共同作用[②]。

---

① 罗丽琳.大数据视域下高校精准资助模式构建研究[J].重庆大学学报(社会科学版),2018,24(2):197-204.

② 吴朝文,代劲,孙延楠.大数据环境下高校贫困生精准资助模式初探[J].黑龙江高教研究,2016(12):41-44.

第三节　高校学生资助与一站式社区相结合

社区是构建和谐社会的重要单元体。近年来，为了推进社会治理，更好地落实公共政策，加强一站式社区建设被摆到了越来越重要的位置。"一站式"学生社区作为高校校园内的"小社会"，是学生生活学习、集聚交流最频繁、最稳定的场域，也是高校开展实践活动、管理服务、思政育人、资助活动等第二课堂教育的重要场所。同时，"一站式"社区具有打破传统社区封闭单元模式的优势，是贯彻落实开放、共享新发展理念的社区建设思维的体现，加强一体化社区的建设有助于构建和谐的高校生活氛围，为推动和谐社会的建设注入全新的活力与不竭的动力。高校学生资助与"一站式"社区建设的有机结合，既是对"一站式"社区建设的完善，也是资助工作开展的全新模式探索。资助工作与社区"一站式"建设的完善，是加强基层主题在社会治理中主导地位的战略选择，这既是资助工作的全新探索，也是社会治理理论的全新实践。

一、时代境遇

在完全学分制和大类招生培养的背景下，传统成建制班级存在管理失灵、宿舍管理存在盲区等问题。随着公共管理和公共服务理论的发展和进步，近年来越来越多的管理理念开始向"一站式"社区倾斜。"一站式"社区是学校"三全育人"综合改革的进一步深化，将育人阵地延伸到学生交流互动的场域，是"三全育人"落地生根的最后一公里。

江苏省教育厅在 2017 年发文要求，在全省高校推广建设"一站式"学生事务与发展中心，创新高校学生教育管理服务模式。高校学习和采用

"一站式"社区管理模式,是适应现代教育管理的现实需要和发展要求。随着高等教育的改革与发展,以及学生个人的生理、心理逐渐成熟,学生自我意识与高校教育管理出现了碰撞与摩擦[①],这加速了现代高等教育更新教育理念、转变工作机制,高校各工作部门逐步从学生的管理者走向服务者。

高校学生服务的内容一般包括学生日常事务审批、信息咨询与发布、学生食宿服务、设备报修、学生就业服务、学生教务管理服务、学生资助服务、勤工助学、社团活动、财务收费等。对应现有的高校部门,包括党委学工部、学生处、学生资助管理中心、招生就业处、财务处、后勤管理处、保卫处、团委、宣传部等。这样的职能设置虽然分工明确,有效提升办公效率,但在实际操作层面却会给学生造成不小的困扰[②]。

在"一站式"社区的管理模式下,在人本主义的关怀和指导下,这些被分散在校园各个位置的职能部门被统合到一起,有效提升了学生事务管理的效率,进一步提升了学生服务的质量,同时方便满足学生在学习和生活等各个方面的合理需求,充分展现了新时代教育理念。

一般而言,"一站式"社区主要围绕四个方面来统合各类学生服务资源:信息发布与反馈、各类服务型事务、课外拓展与能力提升、心理咨询与休闲交流。资助工作通常作为"一站式"社区管理模式下各类服务型事务的一环出现。高校学生资助与"一站式"社区的结合,是宏观视角下调整高校学生管理模式的需要,也是进一步提升资助育人效果、助力学生健康成长的需要。

二、实践探索

在习近平新时代中国特色社会主义思想的指导下,一些高校已着手开

---

① 薛皓文.从德育角度看高校"一站式服务"管理模式:以镇江市高等专科学校为例[J].太原城市职业技术学院学报,2018(3):78-80.
② 邓俊华.高校学生一站式服务中心的研究与构建[J].南宁职业技术学院学报,2013,18(6):65-67.

展"一站式"学生社区综合改革模式建设试点工作，汇聚领导力量、思政力量、管理力量、资助力量、服务力量，对新时代学生教育管理模式进行改革创新。

东南大学被列为教育部"一站式"学生社区建设第二批试点高校。学校将"一站式"社区学生的社区综合管理改革与本校"三制五化"人才培养模式改革紧密衔接，汇聚融通学校各方面、各领域育人资源和育人力量，打通人才培养最后一公里。在管理机制方面，东南大学"一站式"社区由学校党委书记履行试点工作第一责任人职责，打破专业、年级、师生界限，根据现有社区排布试点灵活设立社区党支部、团支部，探索学院党团支部与社区支部"双重覆盖"模式。在管理方式上，依托社区现有资源建设"青年驿站"，为社区支部提供主题活动场所和日常学习空间，依托支部力量增设志愿服务岗位，为社区党团建设工作提质增效提供硬件保障和人力支持，通过学生党员、学生骨干团体实现社区的网格化管理。

在空间建设方面，东南大学"一站式"社区力求实现学生社区从单一住宿功能向育人、学习、生活等复合型功能转变，将通用性、多功能空间公共服务延伸到学生社区，满足学生学习、师生交流、生活服务、活动开展等需要。同时，"一站式"社区也将网络空间作为社区建设的重要一环，以线上一站式服务大厅、线下一站式服务终端设备为载体精准对接学生需求。目前东南大学已在桃园生活区建成了健雄书院和秉文书院两大社区。健雄书院和秉文书院覆盖四千余名学生并向全校开放，空间规模近一千平方米，设置学习研讨空间、报告厅、图书室、排练室、茶室等。每年举办各类活动近千场次，参与师生万余人次。健雄书院秉持"思想引领、交叉融合、文化育人"的理念，综合深入推进"导师制+完全学分制+书院制""小班化、个性化、国际化、卓越化、本研一体化"人才培养体制创新。同时，相关宣传部门打造了"导师会客厅""学业学术导师线上双选"小程序，通过大数据分析配合调查问卷等方式，调整管理服务方式。秉文书院则依托微信公众号建设场地管理预约系统，设意见反馈簿，供师生提出意见和建议，力求融人格塑造、人才发展和书院文化于一体，强化平行于学术机制的人才培养模式，促进全面发展。

浙江大学通过构建"空间—主体—服务—技术"相融合的四重机制，不仅有效激发了作为学生学习生活共同体的属性，也实现了两类角色之间的有机融合①。所谓空间联动，即指通过相应的体制机制安排，实现高校学生社区物理空间和社会空间的有机融合。浙江大学学生社区的空间设计充分突出物理空间与社会空间的有机融合，将学生日常生活、服务等需求有效嵌入学生社区，在社区范围内满足学生日益多样化的学习、生活需求，促使学生社区改变原来仅仅作为单一居住功能区的定位，变成有效集合居住、生活、日常社会交往互动等功能的生活共同体，从而增强学生对于社区的归属感和认同感，为学生社区构建更为有效的协同育人机制提供强有力的空间支撑。

在构建空间联动机制的基础上，浙江大学重点整合参与其中的多方主体，有效发挥联动效应。学校通过构建"一核多方"的主体协同体系，在学生社区场域中，实现了基层党组织、行政部门、教师、校友以及学生等多方主体的有效整合。"一核多方"体系主要是指基层党组织领导下的高校社区多方主体参与体系，浙江大学在学生社区建设时强调以基层党组织为核心，通过构建党领导的组织体系及相应的制度，实现党在各主体中的核心领导地位。在此基础上，学校通过系列制度设计及安排，在厘清各主体权责、角色边界的同时，将党的组织和人员嵌入其他组织中，以联合支部等形式实现党对不同主体的聚合，实现不同主体参与高校学生社区运转的合力。

浙江大学将运用数字技术作为学生社区协同育人的有效支撑，学生社区上下贯通数字化建设，尝试运用数字化技术、数字化思维、数字化认知来全面支撑学生社区建设，对学生社区治理的体制机制、方式流程、手段工具进行全方位、系统性重塑。学校除了以数字化改革打破各部门主体之

---

① 史龙鳞,陈佳俊.新时代高校学生社区协同育人的机制研究：基于浙江大学"一站式"学生社区综合管理模式的观察[J].思想教育研究,2021(3):149-154.

间的行政壁垒为学生提供更好的管理服务之外，也通过构建网上学生社区，实现学生与学生、学生与教师等不同主体之间的交流互动，还为学生的自我教育、自我管理、自我服务、自我监督等提供技术支撑，以线上的"数字共同体"建设有效支撑线下学习生活共同体的打造。

三、未来发展

"一站式"学生社区综合改革是一个系统工程，该服务模式的初衷在于，使学生的需求能在一个相对集中的地点由相对专业的工作人员解决，且有相对完善的模式保证向学生们提供专业、便捷、优质的服务[①]。如何在"一站式"学生社区这一全新的学生管理模式下进一步推动学生资助工作高质量发展，还需要不断探索与实践。

在常规管理模式下，学生资助工作的开展主要按班级、学院、学校的管理审核流程。传统模式在应对完全学分制和大类招生培养等环境时存在一些管理失灵的问题，如学生分流后奖学金评审、家庭经济困难学生认定等工作都存在流程管理不畅的情况。而"一站式"学生社区可以更好地适应完全学分制和大类招生，该模式将所有的育人资源和力量下沉到学生社区，将教育管理工作延伸到学生平时交流最多、互动最密切的场域，从而更好地理顺资助工作审核流程，实现资助育人目标。

"一站式"学生社区需要将所有育人环节纵向的顶层设计上下贯通、压实责任。首先，学校领导要高度重视、高位推送社区建设，由学校党委书记履行试点工作第一责任人职责，成立"一站式"社区综合管理领导工作小组，定期组织开展专题研究，积极落实体系构建，及时调整资源配置，全力保障经费投入。其次，学校、部处机关、学院领导带头践行"一线"规则，自上而下设"社区长—围合长—楼长—层长—宿舍长"的管理体系，确保常态化深入学生社区管理，及时有效解决学生思想、学习、生活等方面的实际问题。

---

① 华武佳."一站式"学生服务模式的探索与构建[D].宁波：宁波大学，2015.

学校进一步完善"一站式"学生社区的线上线下双平台,使学生资助服务更加人性化、智能化。学校要安排资助管理中心相关人员加入"一站式"社区管理队伍,安排入驻社区办公,明确工作职责,与社区"一线"管理体系紧密衔接;为学生资助队伍在学生社区开辟专门工作实体空间,做到全员覆盖、全方位保障;注重发挥学生主体作用,以运营管理公共空间为载体引导学生参与到社区建设之中,挖掘劳动教育资源,发挥朋辈榜样效应,以志愿服务活动为抓手,引导优秀党团学生骨干实现多方面互促帮扶。资助工作还要更加注重线上社区的建设:首先,在于完善网络自助服务,学生可以通过格式化的流程和菜单,运用资助管理中心提供的设备进行自助服务;其次,要完善社区网络中的资助信息发布与公示系统,开辟专门的解惑模块,并注重收集同学们在实际使用中的建议和疑惑;最后,应完善资助网络系统的信息处理能力,收集一定数量的学生提问后,系统会自动展示出问题,帮助学生更加便捷地寻找相关答案,进行自助服务[①],例如家庭贫困资质认定、钱款发放时间、相关志愿活动咨询等等。

---

① 邓俊华.高校学生一站式服务中心的研究与构建[J].南宁职业技术学院学报,2013,18(6):65-67.

第四节　高校学生资助与劳动教育相结合

劳动创造了人本身，也同时促进了人类社会的延续和发展。教育同生产劳动相结合不仅是马克思主义一贯坚持的教育基本原则，也一直是我国教育方针的核心内涵。劳动教育是以促进学生形成劳动价值观和养成劳动素养为目的的教育活动，对于国家的繁荣与个体的全面发展都具有重要价值。党的十八大以来，以习近平同志为核心的党中央高度重视劳动教育在立德树人中的重要作用，要求构建德智体美劳全面培养的教育体系，明确将劳动教育确定为全面发展教育的重要组成部分，为全面加强新时代劳动教育指明了方向。2020年7月，教育部印发《大中小学劳动教育指导纲要（试行）》，对新时代背景下高校劳动教育的实施目标、开展内容和创新途径等方面提供指导。高校学生资助作为高等教育的重要内容，也应紧密结合经济社会发展变化和学生生活实际，积极探索具有中国特色的劳动教育模式，努力培养德智体美劳全面发展的社会主义建设者和接班人。

一、思想理念

劳育，即劳动教育，是学生德智体美劳全面发展的主要内容之一，是中国特色社会主义教育制度的重要内容。马克思主义劳动观提出，劳动是人区别于其他动物的根本，也是人类社会发展与进步的根本动力。劳动教育则是系统地践行劳动的重要途径和方式。劳动教育的开展可以帮助学生树立正确的劳动观点和劳动态度，养成劳动习惯的教育直接决定着学生的劳动精神面貌、劳动价值取向和劳动技能水平。

党的十九大以来，我们党立足新的历史方位和时代使命，在充分继承的基础上，进一步丰富和发展了马克思主义劳动观、新时代劳动教育内涵。在 2018 年 9 月召开的全国教育大会上，习近平总书记指出："要在学生中弘扬劳动精神，教育引导学生崇尚劳动、尊重劳动，懂得劳动最光荣、劳动最崇高、劳动最伟大、劳动最美丽的道理，长大后能够辛勤劳动、诚实劳动、创造性劳动。"①习近平总书记关于加强劳动教育的重要论述尤其强调青少年劳动精神、劳动素养和劳动技能培养。这些重要论述，丰富了新时代党的教育方针的内涵，也对高校提出了加强劳动教育的新要求、新任务、新课题。

教育与生产劳动相结合，是马克思主义教育思想的重要组成部分，是我们党历来坚持的教育方针。新中国成立之初，教育部颁发的《中学暂行规程（草案）》就将"爱劳动"提升到"国民公德"的层面。经过几十年的发展，劳动教育的内涵不断丰富，劳动教育的外延也不断拓展。劳动是人的本质规定，也是人类最基本的实践。教育家苏霍姆林斯基认为，学生只有通过亲身劳动，才能养成真正热爱劳动和尊重劳动人民的品质。劳动教育是塑造高校学生品格的重要途径，而资助育人恰恰拓宽了劳动教育的实践路径，同时劳动教育也是资助育人的重要载体，是完善资助育人工作的现实依托。

因此，要强化学生资助与劳动教育的结合，通过良好的激励方式，在学生中弘扬劳动精神，教育和引导学生崇尚劳动，尊重劳动，懂得劳动最光荣、劳动最崇高、劳动最伟大、劳动最美丽的道理，倡议当代青年"用勤劳的双手和诚实的劳动创造美好生活"②。要注重加强马克思主义劳动观教育，教育家庭经济困难学生以理论为根基，扎实推进劳动教育。马克思主义劳动观是揭示人与人之间的劳动关系的理论源头，指明了人类的前进方向，为社会的发展提供了坚实的思想理论基础。通过马克思主义劳动

---

① 习近平在全国教育大会上强调 坚持中国特色社会主义教育发展道路 培养德智体美劳全面发展的社会主义建设者和接班人[N].人民日报，2018-09-11.
② 习近平:在纪念五四运动 100 周年大会上的讲话[EB/OL].[2019-04-30].http://cpc.people.com.cn/n1/2019/0430/c64094-31060721.html.

观的教育，学生认识到劳动是个人实现自由的基本途径，劳动推动社会的进步。在资助育人背景下，更应强调劳动对于人的发展的积极意义，培养贫困生提高自身劳动积极性以实现个人价值的良好信念，使学生具有正确的劳动观念和劳动意识，提升自身劳动实践热情，在劳动中树立正确的价值观，提升自己的幸福感和满足感，促进高校构建"德智体美劳"全面培养的育人体系，为促进我国教育事业有序发展发挥积极作用。

二、实践探索

2020年，《中共中央 国务院关于全面加强新时代大中小学劳动教育的意见》和教育部印发的《大中小学劳动教育指导纲要（试行）》明确提出将劳动教育纳入大中小学人才培养方案。伴随这类文件的颁布与实施，劳动教育的重要性和必要性再一次得到充分体现，并迅速成为高教领域的研究热点。当前我国高校越来越重视劳动教育在综合育人中的作用，一些学校已经将劳动教育纳入课程和教学计划，还有一些高校则将劳动教育列入学生的综合素质评价系统，成为学生评奖评优的重要组成部分。

可见，劳动教育是新时代教育的重要内容，将劳动纳入高校的工作计划是新时代教育的实际需要，更是实现高校立德树人根本任务的客观需要[①]。高校应以马克思主义劳动观为指导，在大学生的日常生活中，培养学生正确的劳动观念和劳动习惯。同时，对于家庭经济困难学生而言，高校应推动劳动教育与资助工作相结合，充分发挥劳动教育的价值引导作用，创新优化开展劳育的方法方式，努力培养德智体美劳全面发展的社会主义建设者和接班人。

南开大学[②]重视育人实践，发挥体验式教育的价值导引作用，鼓励学生以行动回馈社会。学校搭建形式多样的实践平台，支持经济困难学生参

---

① 陈伯豪.资助育人视域下高校贫困生劳动教育的实施路径[J].河北广播电视大学学报，2019,24(6):86-89.
② 参见让资助更加突显育人功效——南开大学推进发展型资助育人体系的这五年[EB/OL].[2022-01-13].http://www.csa.cee.edu.cn/index.php/shows/5/7474.html.

与到志愿服务实践中，在奉献中践行感恩，在行动中传递友善。在常态化疫情防控期间，学校鼓励家庭经济困难学生参与"关爱一线医护人员子女行动"的公益家教活动，义务为一线工作人员子女提供服务。在助人奉献的实践中，经济困难学生既收获了快乐与自信，也收获了对于国家和社会更深刻的理解和认同。通过实践，学校实现了激励家庭经济困难学生将感恩、付出和奉献作为坚定人生信条的目标。

北京邮电大学在劳动教育体系搭建中，结合勤工助学工作岗位进行劳动教育学时认定，着力培养学生爱岗敬业的实干精神以及服务他人、报效社会的情怀，引领学生广泛参与社会实践，在亲身实践中了解世情国情，在服务锻炼中受教育、长才干[1]。支持家庭经济困难学生参加出国（境）学习交流活动，资助30名学生参与"一带一路"线上全球化双创实训营，对其他线上国际交流项目同样进行资助补贴。发挥勤工助学和研究生"三助"在能力培养、助学助困等方面的作用，持续推进劳动教育与资助育人融合创新，助力"三全育人"综合改革。

山东大学扎实开展新时代学生劳动教育，持续推进劳动教育与资助育人融合创新[2]，拓展勤工助学岗位功能，搭建劳动教育平台。学校将勤工助学作为劳动教育的有效路径和重要阵地，积极拓展勤工助学岗位功能，满足不同专业不同层次学生的需求，为更多学生提供劳动教育平台，优化添翼工程内容设置，开设劳动教育课程。学校持续推进"添翼工程"创新升级，开设劳动教育课程，探索出了以"心灵力量—阳光生活—学业导航—实践体验—就业无忧"为核心的五大培训模块，共30余项培训项目，将劳动教育与学生综合素质提升有机结合，将劳动教育理念纳入人才培养全过程，推进资助育人项目质量提升，丰富劳动教育内容。学生资助中心负责唐仲英爱心社、自强社、真维斯爱心社三大爱心社团的管理和指导工作，

---

[1] 参见北京邮电大学资助工作构建精准资助全员育人格局[EB/OL].[2021-12-31].http://www.csa.cee.edu.cn/index.php/shows/5/7466.html.
[2] 参见持续推进劳动教育与资助育人融合创新——山东大学扎实开展新时代学生劳动教育[EB/OL].[2021-08-17].http://www.csa.cee.edu.cn/Public/index.php/shows/5/7217.html.

通过组织开展丰富多彩的志愿服务、校园实践、社会实践、企业实习等劳动教育活动不断提高学生的劳动意识与社会责任感。学校组织、指导社团通过"长者学院"、"兴趣课堂"、关爱自闭症儿童、爱心家教等志愿服务活动，培养大学生的志愿精神和劳动精神；通过商河夏令营、生源地迎新等社会实践活动，帮助学生走出校园、走向社会；通过校企合作项目，带领学生走进相关单位、公司实习，感悟劳动精神。山东大学通过组织形式多样的劳动教育活动，营造浓厚的劳动氛围，激发学生热爱劳动的内生动力，在活动中与资助育人相结合，教育引导学生学会劳动、学会勤俭、学会感恩、学会助人。

东南大学资助工作始终重视劳动育人的地位和作用，积极开展公益实践，深化感恩教育。为搭建向受助学生提供劳动教育机会的稳定、有效平台，东南大学学生资助管理中心在公开、公平、公正地做好奖助学金评审工作的基础上，成立以相应奖助学金获得者为主要成员的公益志愿服务类社团，增强学生的社会责任感和公众意识，培养具有爱心和奉献精神的东大学子。学校成立唐仲英爱心社、瑞华筑梦公益平台、伯藜学社、曾宪梓春晖公益平台、新鸿基公益协会五个学生社团，围绕"践行公益，感恩社会"的共同原则，扎根学校、深入社会，开展各类形式丰富的公益志愿活动。各志愿服务类社团的存在让受助学生的校园生活更加丰富多彩，培养受助学生热心公益、回报社会的优良品质，让同学们在关爱、服务他人的同时收获成长与进步，在劳动中实现自我价值。学校同时注重完善勤工助学工作机制，积极设立与学生专业、专长相适应的勤工助学岗位，针对个别家庭经济特别困难的学生，主动与用工单位联系，为其提供勤工助学岗位。学校启用并不断更新完善勤工助学新平台，截至目前，新平台根据学生勤工助学表现进行星级评价，星级评价影响工资浮动，表现好、评级高的同学奖金会上浮，反之下降。分级定星的考评制度充分发挥了学生的主观能动性，激励学生认真负责、各司其职。新平台采用线上服务的方式，学生可以自主申请并预约面试。用人单位及学校审核网络化，大大提高勤工助学工作效率，为学生提供更加优质、便捷的服务。

三、未来发展

高校在资助育人背景下，应拓宽劳动教育的实施路径，坚持"立德树人"的基本任务，发挥劳模的榜样示范作用；在受资助学生群体中树立"劳动光荣"的意识，以育人为核心，达到劳动教育的本质目的，以资助为手段为劳动教育保驾护航，以劳动模范的伟大精神为指引，引导大学生学习劳模精神、深化劳动情怀；在校园文化中，营造积极"劳动光荣"氛围，宣传劳动教育的育人价值，帮助高校贫困生树立正确的劳动观念，使他们具有必备的劳动技能和积极向上的劳动心理，并养成良好的劳动习惯。高校在促进学生资助与劳动教育相结合的实践中，存在勤工助学、感恩教育、社会实践等多种有效载体。

增强勤工助学的劳动教育效果。勤工助学是学生资助政策体系的重要组成部分，其目的在于引导贫困家庭学生通过参加有偿劳动缓解自身经济压力，并在潜移默化中培养艰苦奋斗、自立自强的优良品质，提高自身的综合素质能力，帮助学生在劳动实践中树立正确的价值观。勤工助学要发挥资助与育人的应有功能就必须加强勤工助学与专业、专业课教师的联系，促使用工部门加大脑力性和创新性工作内容，使勤工助学岗位从助理模式向教辅模式、服务模式、学生管理模式转变，提升学生实践技能；扩展校外资源，帮助学生争取更多校外勤工助学机会。通过整合校内外岗位资源，使学生在实践中得到锻炼，提升能力，培养艰苦自立的实践品格。

在服务他人中磨砺意志品格。高校以资助育人为基本方式，开展大学生感恩教育活动。组织和引导受资助学生参加志愿服务活动也是结合学生资助和劳动教育的有效方式，志愿服务活动在丰富同学们校园学习和文化生活的同时也实现学生自我价值。对受资助学生来说，担任学生资助宣传大使，成为国家资助代言人，通过回访高中母校和进村入户两种模式宣传讲解国家资助政策，可以在服务他人、回报国家和社会中，构建家国情怀。以积分制方法考核受资助学生志愿服务、公益活动等实践活动的时长、次数和成效,并将考核成绩作为评奖评优加分项目,提升学生参与实践的主动性和积极性,使其正确认识到劳动的意义和价值,从而培养主动服务他人和社会的情怀。

创新实践劳育机制。高校将资助育人与劳动教育有机结合,使学生认识到自身的责任与义务,强化劳动教育的价值依托,使学生更加积极地融入社会劳动实践当中,促进高校贫困生的全面发展;通过搭建社会实践平台,推动"劳动周""劳动月"的开展,将劳动教育与实践相结合,为困难学生提供劳动和奉献的平台,有助于学生在劳动实践中提升综合素质、培养勤俭奉献精神;鼓励家庭经济困难学生利用假期开展社会实践,培养其反哺家乡、服务基层的意识,以社会实践为载体,让学生了解国情省情、感受真实世界,在服务社会中增强分析和解决实际问题的能力;开设学生校外劳动教育基地、实践创新孵化基地,通过与校企合作单位互助;为家庭经济困难学生提供劳动教育指导、劳动实践实训、企业实习实践等多种实践机会[①],增强其自信心,助力实现全面发展。

---

① 孙倩茹.新时代劳动教育视域下高校资助育人路径探析[J].学校党建与思想教育,2020(9):85-88.

第五节 高校学生资助与常态化疫情防控相结合

自新冠疫情肆虐全球,随着经济全球化的发展,疫情的防控也走向全球化,国际社会疫情防控的局势导致疫情防控常态化工作的推进成为高校公共卫生领域的重点。疫情让家庭经济困难学生的家庭收入明显减少,本就相对困难的家庭将雪上加霜。高校资助工作应在常态化疫情防控的背景下对自身提出更高的要求:既要考虑到常态化疫情防控中的资助工作的开展情况,又要及时而准确地惠及资助学生;既要贯彻落实疫情防控工作,又要在资助工作的开展中勇于创新,不拘泥于常规,牢牢结合疫情下的特殊背景,提高疫情防控的效率,直面疫情所带来的新挑战,化压力为动力,不断探索,勇于实践。

一、时代境遇

2019年12月以来,新冠肺炎疫情势头凶猛,在全国乃至全球蔓延,人类的生命健康和财产安全也随之面临重大威胁。习近平总书记在统筹推进新冠肺炎疫情防控和经济社会发展工作部署会议上指出:"这次新冠肺炎疫情,是新中国成立以来在我国发生的传播速度最快、感染范围最广、防控难度最大的一次重大突发公共卫生事件。"[①]2020年是脱贫攻坚的收官之年,收官之年又遭遇新冠疫情影响,使得脱贫攻坚任务变得更加艰巨。高

---

① 习近平.在统筹推进新冠肺炎疫情防控和经济社会发展工作部署会议上的讲话[N].人民日报,2020-02-24(002).

校作为社会组织的重要组成部分，在疫情防控期间，也积极承担了包括教育发展、疫情防控在内的多项任务。疫情作为突发性的重大公共卫生事件，给高校学生尤其是家庭经济困难学生的学习生活带来极大的负面影响，也给学生资助工作带来了新挑战。

在新冠肺炎疫情暴发和防控期间，全国31个省、自治区和直辖市先后启动了特别重大（Ⅰ级）响应，这也表示国家已经进入了"紧急状态"。停工、停产、停学更是给当前的社会运转和经济运行造成了前所未有的冲击①。高校大学生的学习、科研甚至生活也都相应开启了"线上模式"和"远程模式"，传统的资助模式已无法适应疫情防控的形势变化。疫情导致家庭经济困难学生的家庭收入明显减少，使得本就拮据的家庭经济雪上加霜，也因此对资助有较高诉求。但是在疫情防控关键时期，学生居家隔离，因疫情致贫的学生无法及时完成家庭经济困难学生认定，高校也无法在第一时间落实各项资助政策以解决学生困难。疫情进入常态化的同时，疫情多点散发和局部聚集性暴发可能性依然存在。现如今，疫情防控取得阶段性胜利，高校学生重新回归校园，学习、生活正在步入正轨。然而，为了防止疫情再起反弹，相关的校园内疫情防控措施，包括进出校园审批制、非必要不离开所在城市等，依然有必要继续严格落实，传统的资助工作方式已经不能满足新时期的需求。

受到新冠疫情的影响，制造业、服务业、交通运输业等相关产业遭受打击，部分家庭经济困难学生的家庭收入明显减少。疫情给高校学生，尤其是家庭经济困难学生带来的负面影响存在于多个方面，主要表现为家庭经济困难、学习困难、就业困难、心理困难这四个方面。2020年全国普通高校毕业生达到874万人，同比增加40万人②，毕业人数再创历史新高。疫情的长期存在使得全国众多企业难以按时复工，企业招聘计划也发生调整，智联招聘年初发布的关于招聘市场受疫情影响的调研数据报告显示，

---

① 参见智联招聘发布疫情期间求职形势预判：12.2%受访者明确放弃跨省求职打算[EB/OL].(2020-02-05)[2020-02-05]. https://baijiahao.baidu.com/s? id = 1657680441145541917&wfr=spider&for=pc.

② 参见874万！2020届高校毕业人数再创历史新高[EB/OL].(2020-05-12)[2021-06-08].https://baijiahao.baidu.com/s? id=16664730625351254 26&wfr=spider&for=pc

企业招聘人数明显减少。特别是家庭经济困难学生在成长中得到的教育资源相对匮乏，其在兴趣特长、表达能力、心理素质、人文素养、专业技能等方面都表现较弱，这也间接导致他们在求职过程中不具优势，甚至处于劣势。在心理素质方面，家庭经济困难学生因为疫情的暴发产生了心理焦虑和恐慌等心理问题。尤其需要强调的是，家庭经济困难学生的经济支撑原本就相对脆弱，疫情等突发状况加剧了家庭收入的不稳定性，在求学和求职双双受阻的打击下，他们更容易引发心理焦虑和恐惧。在往年就业季中，家庭经济困难学生多由于求职目标不清晰、求职技能缺乏等而个人求职受阻，此次疫情无疑将这一问题进一步放大。

因此，高校资助工作应在常态化疫情防控的背景下对自身提出更高的要求，直面疫情所带来的新挑战，化压力为动力，于危机中开新局。

二、实践探索

面对突如其来的新冠疫情，全国各高校资助单位应积极应对，共克时艰。结合新冠疫情所处阶段，各高校应制定不同阶段的资助工作方案，完善资助工作理念，落实精准资助、资助育人的相关举措。同时，高校应对因新冠疫情致贫的家庭经济困难学生实施差异化的资助方案，将资助需求精准滴灌到困难学生，资助项目精准匹配到困难学生，也要在满足学习生活的基础上助力学生全面发展。

1. 资助扶持要精准对应

高校教育管理的核心和根本任务是立德树人，要以人为本，促进全面发展。当前我国高校人才培养的目标是促进学生德智体美劳全面发展，这也是马克思主义教育思想的核心内容。资助育人的内涵在于从"输血"到"造血"，在新冠疫情的影响下，高校应当抓住家庭经济困难学生的主要需求，结合疫情所处阶段和学生的实际情况，为学生提供从物质到精神等多方面、全方位的资助扶持。

武汉理工大学凝心聚力，唱响抗击疫情"主旋律"[①]。学校开展抗议系列主题教育，通过"武汉理工大学助学方舟"微信公众号宣传防疫知识、学校工作动态和理工学子抗疫事迹。学校向全体受助学生发出《同心抗疫 携手共"助"》倡议书，号召大家科学防疫、勤勉励志、感恩思义、共克时艰，引导受助学生正确面对国家危难，坚定信心，激发自身使命感和责任感。

华北电力大学解学生之所惑，广泛开展线上资助育人活动。疫情发生以来，学校通过新媒体推送、心理咨询热线等方式普及科学防控知识，引导学生保持理性平和心态。辅导员与学生时时保持"一对一"和"键对键"交流，及时解答回应学生关切的问题，做好受助学生回访工作。学校还开展了"E起行动""居家族"充电打卡等线上主题教育，举办疫情防控专题网络作品大赛，组织"云班会""云党日"等集体活动，鼓励学生自觉做科学的传播者、谣言的粉碎者、健康的守护者、家庭的关爱者，为打赢疫情防控阻击战凝聚青春力量[②]。

华中师范大学家校协同，加大疫情防控期间资助宣传。拓展资助育人渠道，学校及各学院综合运用微信群、QQ群等新媒体积极宣传防疫知识、国家资助政策，及时解答学生和家长的疑问；加强学生感恩教育，深入挖掘疫情防控期间自励自强、回馈社会的学生典型，激励广大学生，宣传社会正能量。在学生资助中心官方微信公众号"华大资助"开设专栏"防疫抗疫，华师资助在行动"，加大防控期间资助宣传。

东南大学动态认定家庭经济困难学生，全面制定资助方案。学校及时认定新冠肺炎疫情导致家庭经济困难的学生，根据家庭经济困难等级制定个性化资助方案。学校对因本人或家庭直系亲属罹患新型冠状病毒肺炎导致家庭经济特别困难而无法缴纳学费的本科生，进行学费减免或部分学费

[①] 众志成城抗击疫情暖心资助温情助力[EB/OL].（2020-02-18）[2022-03-04]. http://stuplaza.whut.edu.cn/xszz/xwdt/202005/t20200528_443940.shtml

[②] 华北电力大学停课不停助暖心战疫情[EB/OL].（2020-04-15）[2022-03-02]. https://news.ncepu.edu.cn/mthd/18f18637324d4500a227c455ddf8df12.htm

减免，优先设立勤工助学岗位，在疫情期间让学生通过劳动获取报酬，解决生活费困难，培养社会责任意识。同时，此类学生优先参评校内各类助学金和补助项目等。学校在保障防疫等基础工作稳定进行的同时，还关切同学们的生活品质，为家庭经济困难学生提供餐费补助，学生资助管理中心将餐费补助直接打入学生的一卡通内，保障同学们吃得好、吃得舒心。在常态化疫情防控期间，学校召集每一位接受过国家、社会和学校资助的同学担任核酸检测志愿者、防疫物资发放志愿者，鼓励同学们在工作中守护东大、守护南京。

2. 资助项目要精准匹配

在常态化疫情防控的背景下，高校应当坚持以人为本，充分调查、了解家庭经济困难学生的不同需求，以学生实际需求为导向设计资助项目，解决学生的当前问题，充分彰显高校的人文关怀。

北京大学实行"一对一"帮扶网格化管理。疫情暴发后，学生资助中心第一时间摸排统计家庭经济困难学生现状，关注其身心健康和现实需求，保证表清、人清、状态清，"一对一"进行针对性帮扶。学生资助中心邀请燕园起航导师进行每日访谈，整理同学们遇到的困难，协调各方资源，共同解决。学生资助中心面向家庭经济困难学生开展了"是否具备远程教学条件"主题调研，为网络或设备不便的同学每人配备了一位老师支持跟进，一人一策解决在线学习问题，保证延期开学不停学。发放国家资助，细心配发物资，在疫情暴发初期，学生资助中心向家庭经济困难学生发放国家助学金。学生资助中心调查学生家庭地址，为家庭经济困难学生寄送口罩和信件，传递学校的关怀和慰问[①]。考虑到部分偏远地区学生无线网络连接与使用不便，流量大量使用资费较高，学校为家庭经济困难学生发放流量补助，每人 300 元。为保障家庭经济困难学生在家的经济需要，资助中心及时制定疫情期间的临时困难补助办法，

---

① 为湖北籍学生寄口罩发补助，多所高校这样"停课不停助"！［EB/OL］．（2020-02-20）［2022-03-05］．https://www.sohu.com/a/374539425_161795

第一时间联合院系为突发经济困难的学生发放临时困难补助。

中国人民大学暖心资助，共渡难关。学校建立临时困难补助快速审批发放"绿色通道"，因疫情出现临时困难的学生可随时申请，随时审批发放；为湖北籍家庭经济困难学生发放特殊关爱补助每人500元，为特困生发放春节补助每人500元，为疫区学子邮寄口罩等防护物资，为留校学生发放除夕饺子券[①]。辅导员、班主任、各部门通力配合，慰问留校学生，发放洗手液等必备品，提醒学生做好防疫防护，引导和帮助解决生活、学业等各方面困难。线上全面辅导，居家须防诈骗。疫情期间，学校响应教育部"停课不停学"的号召，推出"励学相伴"项目，通过朋辈学业云咨询服务，为家庭经济困难学生提供学业辅导、学习方法、成长规划、升学规划、学术科研、课程学习、实习实践等均可一对一线上咨询。推出"守护相伴"RUC心理留言板，组织心理咨询师对学生开展线上咨询服务。学校推出疫情期间防诈骗提示推送，汇总分析疫情期间各类电信网络诈骗套路，帮助学生们安全度过居家防疫时光。

武汉理工大学以生为本，谱写人文关怀的"协奏曲"。学校制定《疫情防控期间学生资助保障方案》，紧急设立防疫专项困难补助，帮扶受疫情影响严重的学生[②]。学校第一时间掌握确诊、疑似以及家庭突发变故学生信息，针对此类学生发放防疫专项困难补助金，金额从2 000元至5 000元不等，总计资助2.6万元。学校后续还根据疫情变化和学生具体情况，分批发放专项困难补助，覆盖到了更多困难学生。

哈尔滨工程大学发放专项补助，对全校家庭经济困难学生进行排查，第一时间向受疫情影响严重的学生发放每人1 000元的疫情补助。组织线上招聘，发布《致用人单位的一封信》，组织用人单位通过学校就业信息网发布招聘信息，开展线上面试；慰问留校学生，将春节礼包、爱心书

---

① 参见为湖北籍学生寄口罩发补助，多所高校这样"停课不停助"！[EB/OL].(2020-02-20)[2022-03-06].https://www.sohu.com/a/374539425_161795.

② 参见众志成城抗击疫情 暖心资助温情助力[EB/OL].(2020-02-18)[2022-03-02].http://stuplaza.whut.edu.cn/xszz/xwdt/202005/t20200528_443940.shtml.

籍、爱心餐票提前发放到学生手中；为避免聚集，安排学生除夕当日分别到指定地点领取学校精心准备的热腾腾的盒装饺子和菜品；建立动态台账，为及时掌握每位学生的身体健康状况，校、院、班三级核准寒假期间学生动向和身体状况，重点摸排武汉籍、湖北籍学生情况，关心关怀留校学生学习生活，实施每日零报制度，为全校学生建立动态信息"台账"；开展网络宣传和心理疏导，积极通过"哈尔滨工程大学学生在线"官方微信公众号、"哈尔滨工程大学易班"网络平台宣传疫情防治知识和防控要求，转发权威信息，引导师生正确认识、对待和防范疾病，不信谣、不传谣，累计发布防疫战疫主题相关推送13篇；引导学生合理规划假期，充分利用网络资源开展自主学习与学术研究。学校响应教育部"面向广大高校师生和人民群众开展疫情相关心理危机干预工作"的要求，开通"哈工程心理援助服务热线"，通过电话、微信群、QQ群、邮件等为全校师生提供专业心理援助。

东南大学为做好新型冠状病毒肺炎疫情的防控工作，帮助受疫情影响而造成经济困难的学生渡过难关，保障学生在此特殊时期的学习和生活，学校印发了《东南大学疫情防控期间学生专项资助工作办法》的通知。学校加大资金投入，切实解决学生因疫情造成的实际困难。校党委高度重视疫情防控期间学生的学习生活与身心健康，划拨了用于学生资助的专项经费，表达了对学子的深切关怀。学校为所有湖北籍本研学生发放了慰问金，每人1 000元，为湖北籍家庭经济困难学生，每人再资助1 000元，为湖北籍家庭经济困难本研学生和湖北省外因疫情家庭收入受影响的家庭经济本研困难学生发放困难补助。研究生导师也为湖北籍学生和湖北省外因疫情家庭收入受影响的家庭经济困难学生发放研究生助学金，对于申请补助并获批的家庭经济困难研究生适当提高助研金标准。学校为因适应线上教学需要，安装宽带或手机办理流量业务有困难的学生，每人资助200元，视疫情防控进展决定是否再给予进一步资助。学校与学生同舟共济、共克时艰，开展经济帮扶、传递育人温暖。

三、未来发展

为了克服新冠疫情带来的影响,夺取脱贫攻坚战的全面胜利,党中央高度重视疫情防控期间高等院校学生的资助工作。教育部财务司、财政部科教和文化司于2020年2月6日发布了《关于做好新型冠状病毒感染肺炎疫情防控期间学生资助工作的通知》,要求切实保障家庭经济困难学生基本学习生活需求,全面助力打赢疫情防控阻击战[①]。面对疫情防控形势下的新挑战和新要求,高校应积极应对,根据疫情防控态势和实际情况完善、丰富资助理念和资助方式;对因疫情致贫的家庭经济困难学生应实施差异化资助,将资助项目精准滴灌到每位困难同学,实现资助项目与学生需求之间的准确匹配,在保障学生基本生活学习需求的同时助力其多方面发展;根据突发公共卫生事件防控态势和所处阶段主动完善、调整和优化资助方式和资助内容,及时掌握家庭经济困难学生的动态变化,坚持以人为本,彰显人文关怀,了解困难学生在特殊时期的实际需求,以需求为导向设计资助项目,通过线上、线下多途径开展好家庭经济困难学生的资助工作,同时着重关注家庭经济困难学生的心理状态。在常态化疫情防控的背景下,高校更应该培育家庭经济困难学生刻苦读书、励志成才、感恩社会、报效祖国的爱国主义情怀,帮助困难学生树立正确的理想信念,把精准资助和资助育人落实落细、紧密结合,充分发挥资助工作的实效。

资助的时间响应要更加迅速。对于偏远地区学生,由于受到交通闭塞、网络信息延迟等多方面限制,其对各项资助政策的调整和变动不了解,对申请流程无法准确、及时地掌握,因此资助的"速度"成为疫情新形势下影响资助效果和满意度的重要因素,高校要根据疫情防控态势和实际情况主动完善、调整资助方式和资助内容,最大可能地解决学生困难,最大限度地满足学生合理需求。随着互联网络的普及和快速发展,云端会

---

① 教育部财务司,财政部科教和文化司.关于做好新型冠状病毒感染肺炎疫情防控期间学生资助工作的通知:教财司函〔2020〕30号[A/OL].(2020-02-10)[2022-03-01].http://www.gov.cn/xinwen/2020-02/10/content_5477005.htm.

议变得越来越方便快捷,信息化管理方式,可以明显提高资助工作的响应速度,来缓解学生的燃眉之急。比如资助评审、民主评议、汇总上报等工作都可借助数据采集、保存和分析来优化管理模式,在此基础上有针对性地设计线上办理流程和线上审批手续。线上管理模式打破了传统交流的障碍,学生也更愿意通过网络课堂、云端会议的方式交流,这样既节约时间又精确高效,能够为迅速响应学生需求提供有力支撑。

资助项目要更加准确适应学生需求。在常态化疫情防控期间,高校应坚持以人为本,主动调查、充分了解家庭经济困难学生在疫情防控期间的实际困难,以需求为导向完善和优化资助项目,充分彰显人文关怀。比如疫情使得线上学习成为教学新常态,而不少家庭经济困难的学生地处偏远地区,家里没有安装宽带,使用手机流量长时间地在线学习又会产生较高费用,针对此种情况,高校可以特别设置发放在线流量补贴和在线学习设备的资助项目。在疫情防护方面,学校可以统一为学生购买和发放口罩、消毒液、体温计等防疫物资,在解决学生防护困难、防护不足的同时,也为高校的疫情防控增添了一道更为坚固的屏障。受疫情影响,即将毕业的学生可能无力偿还或无法及时偿还助学贷款,极容易使其个人征信系统受到影响,进而成为日后就业的潜在威胁,对此,高校要沟通银行为学生调整还款安排,给予学生支持和帮助。由"输血"到"造血"才是资助育人的内涵所在,高校要瞄准家庭经济困难学生的能力短板,根据疫情防控态势和学生情况准确提供从物质到精神、从生理到心理、从求职到就业等多方面、全方位的资助扶持。